洛書河圖：

文明的造型探源

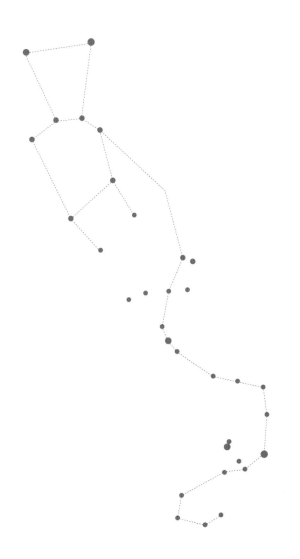

낙서하도

洛書河圖 : 文明 的 造 型 探 源

문명의 조형 탐구

아청阿城 지음
김영문 옮김

글항아리

차
례

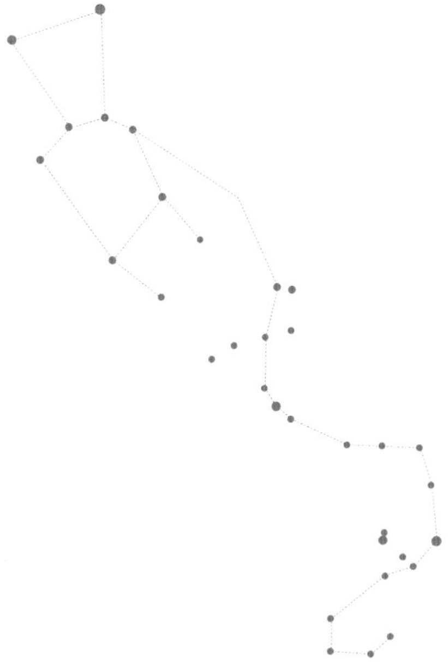

나는 이 책 한국어판 독자들께서도 나와 학생들의 토론 내용을 낯설게 생각하지 않으리라 믿는다.

이 책은 틀에 박힌 학술 텍스트는 아니지만 실증적인 과정을 거쳤고 그 결과도 여전히 논리성을 갖추고 있다. 강의 대상이 베이징 중앙미술대학 석사과정생이었기 때문에 미술고고학적 방법을 채택하여 학생들이 조형造型으로부터 논의의 맥락과 결론을 파악할 수 있게 유도했다.

독자들께서도 조형의 관점에서 이 책 속의 이미지를 문자 텍스트와 동일하게 봐주실 것을 부탁드린다. 심지어 이미지가 담고 있는 내용이 문자 텍스트의 그것보다 크다고 할 수 있다. 이것은 거의 새로운 독서 방법이 될 것이다. 더욱이 지금은 디지털 영상이 범람하는 그림 읽기讀圖 시대가 아닌가?

또 한 가지 이 책의 새로운 이미지 내용은 중국 서남쪽 민족의 것인데, 그것은 주로 먀오족苗族의 전통 도형이고, 나는 그것을 이 책의 논리를 실증하기 위한 식별 근거로 인용했다. 문명의 기원을 연구할 때 문헌 고증이나 발굴 유물에만 의지해도 우리에게 필요한 튼튼한 바탕을 마련할 수 있다. 그러나 우리 시대에는 다원적인 종합 연구를 진행해야 시야와 사고를 넓히고 문명의 기원과 흐름에 더욱 가까이 다가갈 수 있다.

이 책의 마지막 부분에서는 유전자 전파에 관한 연구 성과와 동중국해 대륙붕에 관한 해양 지질 연구 성과를 이용하려 했다.

문명의 기원을 신석기시대의 고대 대륙붕으로 밀어 올리는 일은 기실 필연적으로 남아시아의 고대 대륙붕과도 연계될 수밖에 없다. 나는 이 분야의 시공간을 고찰하기엔 자격이 부족하다는 사실을 인정한다. 한국 학자들의 공동 참여가 필요하다.

이 자리를 빌려 이 책 한국어 번역자와 출판사의 안목과 성과에 깊이 감사드린다.

아청

출간 인연

이 책을 출판하게 된 것은 우연이었다.

아마도 2005년 무렵이었던 듯하다. 류샤오둥劉小東과 위훙喩紅이 나를 그들이 재직하는 중앙미술대학 유화과 제3화실로 초청하여 졸업 작품 창작에 들어간 그곳 학부생들에게 강연을 하게 했다. 결과적으로 나는 1주일 동안 '선線'에 대해 강연했다. 이후에도 계속해서 그곳을 왕래하며 여러 가지 내용을 강의했다. 그러다가 2009년 중앙미술대학 조형학부에서 나를 객원교수로 초빙했다. 조형학부는 중앙미술대학 소속으로 그곳에는 유화, 조소, 판화와 같은 몇몇 서양화 학과와 벽화과壁畫系도 설치되어 있었다. 객원교수는 흔히 외국인이 담당했고 나는 중국인이었지만 무슨 번거로운 일은 없었다. 게다가 나의 정식 신분은 학교 체제 밖에 속해 있었으므로 규정에 맞추어 까다롭게 강의안을 준비할 필요도 없었다. 매 학기 5주 동안만 강의했고 대학원생들은 저녁 식사 후에 수업을 했기 때문에 심신이

피곤하지 않아서 정말 좋았다. 무슨 강의를 했던가? 바로 조형사造型史와 색채였다.

이 내용을 다루게 된 인연을 이야기하려면 좀 더 앞 시기로 거슬러 올라가야 한다. 1990년대 초에 나는 타이베이에서 허우샤오셴侯孝賢 감독을 도와 몇몇 영화의 고문 일을 맡아보았다. 그 기간에 창수프로덕션長澍視聽傳播股份有限公司의 셰핑한謝屏漢 선생을 알게 되었다. 서로 왕래하며 한담을 나누다가 셰핑한이 내게 할 수 있는 일이 뭐냐고 물었다. 나는 중국 조형의 전후 맥락을 좀 알고 있다고 소개하고 도표를 그려서 각종 조형의 관계와 맥락을 연결해 보여줬다. 뜻밖에도 셰핑한은 아주 진지하게 받아들였다. 가장 먼저 다룬 것은 문자 조형이었다. 물론 이것은 상형문자를 창조한 우리 조상들에게 감사해야 할 일이다. 그 결과는 탕누어唐諾의 방대한 저서 『문자 이야기文字的故事』 출간이었다. 그 이후의 진행 과정은 나 때문에 지연되고 말았다. 그래서 나중에 중앙미술대학에서 조형사를 강의할 때도 그 내용은 모두 지난 세기에 내가 그려준 그 도표와 관련된 것이었다. 셰핑한은 그 도표가 이미 자기 회사의 자산이 되었기 때문에 보험 금고 안에 잘 보관해놓았다고 했다. 그러나 조형사를 강의하고 조형 체계를 강의하게 되자 번거로운 일이 많이 생겼다. 그 번거로움은 이 일을 계속해야 하나 말아야 하나로까지 발전되었다. 그래서 명실상부한 전문 분야는 다른 사람이 하도록 내버려두고 나는 먼저 내가 느낀 재미를 쉽게 이야기하는 방법을 선택하기로 했다. 이렇게 나의 재미를 좀 이야기해보다가 이 책이 나오게 되었고 또 후속작도 나올 수 있게 되었다. 몇 년 동안 학생들의 반응은 그런대로 괜찮았다. 청강한 교수들도 강의 후에 열광적인 반응을 보였다. 유사한 개인 강좌도 다소 열광적인 반응이 있는 듯했다. 나 자신은 여전히 상당한 재미를 느끼고 있었을 뿐이다.

독자들께서 주의해야 할 일이 한 가지 있다. 그것은 내가 강의 전에 강의안을 전혀 작성하지 않았다는 점이다. 왜냐하면 내용을 이미 익숙하게 알고 있어서 관련 이미지 자료를 찾는 데만 힘을 쏟으면 되었기 때문이다. 이 점은 물론 셰둥밍謝東明 선생의 넓은 포용력과 도량에 감사드려야 한다. 이 책을 출간하기 위해 나는 대학 내의 강의 녹음과 교외에서 행한 나의 유관 강좌 녹음을 근거로 중복된 내용을 제거하고 단순화하는 방법을 썼다. 이 때문에 이 책이 정식 학문과 관련은 있지만 논문에 걸맞은 체제를 갖추지는 못했다. 강의 도중에 잔뜩 곁가지에 매달리기도 하고 주제에서 멀리 벗어나기도 했다. 이 또한 현장의 분위기, 토론, 질문으로 야기된 결과다. 다만 주제에서 멀리 벗어난 내용은 삭제했다.

이 기회를 빌려 허하이옌何海燕 선생께 감사드린다. 그녀는 자신이 여러 해 수집한 먀오족苗族 복식을 내가 스캔하고 촬영할 수 있도록 허락해줬으며 또 그것을 강의실에서 방영하고 해석할 수 있게 해줬고, 이번에 출판까지 할 수 있게 배려해줬다. 자료 정보에 대한 그녀의 꼼꼼한 기록은 매우 중요하다. 그것은 필드워크를 직접 수행하는 것과 같은 효과를 발휘한다. 또 감사드려야 할 분은 유쉬由旭 선생이다. 그녀는 자신이 구입한 『중국 청동기 전집中國靑銅器全集』 16권을 흔쾌히 뜯어서 내가 그 이미지를 다시 배열할 수 있게 도와줬다. 이 책의 중요한 예증에 속하는 후모무정后母戊鼎(司母戊鼎 솥귀 바깥쪽 측면 사진)은 찾을 수 없었다. 그런데 유쉬가 나를 위해 국가박물관으로 직접 가서 촬영해줬고, 그 사이에 왕춘위안王春元 선생의 연락을 받고 그와 관계를 맺을 수 있었다. 깊이 감사드린다. 마찬가지로 마바오핑馬保平 선생도 나를 위해 폴리예술박물관Poly Art Museum에 연락하여 그곳에 소장된 청동기 반전사진을 빌릴 수 있게 해줬고 또 박물관 안으로 들어가 청동기의 미세한 부분까지 촬영할 수 있게 해줬다. 내 기대를 훨씬 뛰어넘는 일이었다. 역시 깊이 감사드린다. 이 책은 본래 강의를 정리한 것이고 또 조형을 강의한 것이기 때문에 이미지 자료가 결론을 비교·대조하는 부분에서 가장 중요한 증거로 작용할 수 있고 심지어 강의보다도 그 의의가 훨씬 크다고 할 수 있다. 즉 내용 서술을 하지 않아도 이미지를 통해 저절로 결론이 드러날 수도 있는 것이다. 따라서 책의 편집을 특수하게 배열하여 이미지 자료가 바로 강의가 되도록 해야 했다. 이 때문에 캉캉康康은 편집 초기에 방대한 이미지 자료를 정리하고 적절하게 배열하기 위해 많은 노력을 기울였다. 캉캉에게도 고마움을 표한다. 이런 업무는 귀찮고, 단순 반복적이고, 따분하여 젊은 세대가 인내해가며 할 수 있는 일이 아니다. 이 책의 편집 책임자 주링朱玲에게는 본래 감사의 말을 생략하려고 했다. 왜냐하면 그녀의 모든 노고는 자신이 감당해야 할 직무 범위 안에 있어서 마치 구식 철강회사 노동자가 작업장의 높은 온도를 불평할 수 없는 경우와 같기 때문이다. 그러나 이 책의 편집 체제는 특수한 사례에 속하고 심사에 통과된 원고도 순서대로 완성할 수 없었으니 그녀가 받은 스트레스는 참으로 상상 이상이었다. 이 자리를 빌려 특별한 감사를 드린다. 이와 관련하여 중화서국의 포용력과 도량에도 감사드린다.

2013년 7월 베이징에서

낙
서
하
도

독자를 위하여

이 책을 읽을 때 아래의 몇 가지 주요 사항에 주의하시기 바란다.

1. 전설 속 「하도河圖」는 음양도陰陽道다. 그 원형은 먀오족의 귀사鬼師 복식 도안과 상商나라의 청동반靑銅盤 도안에 보존되어 있다.

2. 전설 속의 「낙서洛書」는 구궁도九宮圖다. 그 변이된 부호는 먀오족의 귀사 복식 도안에 보존되어 있다. 상나라의 청동기에서는 거의 찾아보기 어렵다.

3. 천극天極 즉 북극성은 상제신上帝神이다. 그 형상은 먀오족의 복식 도안 속에 보존되어 있다. 상나라와 주周나라의 청동기에서 이와 관련된 부호가 극성하다가 점차 쇠퇴했다. 이는 왕권의 흥망성쇠와 부합한다. 이 책의 일부분에서는 중국학을 통틀어 처음으로 천극과 천극신天極神 부호를 해독해냈다. 그 의의가 매우 크다.

4. 이 책에서는 조형 해독을 통해 중국 조형 문명의 시작이 별자리 체계의 배치를 통해 이루어졌음을 증명했다.

5. 이 책에서는 조형 해독을 통해 먀오족의 복식 도안이 신석기시대를 직접 계승했고 또 이것이 세상에서 찾아보기 힘든 상고 문명의 살아 있는 화석活化石임을 증명했다.

6. 이 책에서는 조형 해독을 통해 청동기 조형이 별자리 체계의 모방임을 증명했고, 또 이 체계를 만들고 숭배하는 것이 권력의 합법성을 표현하는 방법임을 증명했다.

7. 이 책에서는 천극에 대한 해독으로부터 더 나아가 선진先秦 시대 유가儒家와 도가道家의 각성 가치를 새롭게 해독했다.

8. 이 책에서는 자연지리 및 기후 변화에 대한 해독을 통해 동아시아 문명권의 원시적인 면모를 합리적으로 추정했고, 또 별자리 체계를 통해 동아시아 문명, 구체적으로는 중국 문명이 중앙아시아, 서아시아, 메소포타미아, 고대 그리스 문명 및 유럽 문명의 본질과 구별됨을 추정했다.

강사는 항상 핵심을 짚어줘야 한다. 이상의 8개 핵심 항목은 모두가 청동기물학靑銅器物學, 선진철학先秦哲學, 먀오학苗學(먀오족을 연구하는 학문) 등과 같은 중국 문명의 다양한 키포인트를 해결하는 과정에서 나온 결론이다. 이를 위해 도상학圖像學 방법을 운용하여 겉에 덮인 창호지를 걷어내고 문명의 근원을 펼쳐보였다.

이 책의 내용은 대학원에서 강의한 내용을 그대로 채록했기 때문에 통속적이고 이해하기 쉬운 특징을 지니고 있다. 결과적으로 전문가는 전문적인 내용을 얻을 수 있고, 학식이 심오한 사람은 심오한 내용을 얻을 수 있고, 학식이 천박한 사람은 천박한 내용을 얻어 서로 융화 작용을 발휘할 수 있다. 강사가 강의 중 자연스럽게 끌어들인 개인적인 경력과 경험은 인류학에서 말하는 필드워크의 성질을 포함하고 있기 때문에 매우 진귀한 것이다. 현재 이와 동일한 유형의 저작은 아주 드물다. 이 때문에 이 책을 이러한 유형의 대표작으로 삼을 수도 있다.

강의 중인 저자

개설

여러분!

1985년 말인지 1986년 초인지 분명하게 기억나진 않지만 어쨌든 그날은 날씨가 매우 추웠습니다. 그때 하버드대학 옌징도서관燕京圖書館에 무슨 강좌가 있어서 저도 들으러 갔습니다. 그곳에는 백 명이 넘는 사람들이 모여 몇 사람의 잡담을 듣고 있었습니다. 단상에는 장광즈張光直, 두웨이밍杜維明, 가오유궁高友工 선생이 있었어요. 아마 누군가 더 있었던 것 같은데 다 기억나지 않는군요. 주제는 신유가新儒家에 관한 것이었습니다.

청중에게 질문을 받는 시간이 되었을 때 어떤 나이 많은 분이 일어났습니다. 그의 머리는 대머리였고, 말투는 허난河南 사투리였어요. 그는 아주 큰 목소리로 이렇게 얘기했습니다.

"하수河水에서 그림이 나왔고, 낙수洛水에서 글씨가 나왔어요河出圖, 洛出書. 이 문제가 가장 중요합니다. 이 문제를 분명하게 해결하면 중국 문화 문제도 분명하게 해결됩니다."

말을 마치고는 그 자리를 떠났습니다.

청중은 계속 질문했고 단상의 대답은 평상시와 같았습니다. 강좌가 끝난 후 나는 장광즈 선생에게 방금 큰소리로 질문한 사람이 누구인지 물었습니다. 선생도 그 사람이 강좌만 있으면 참석하여 똑같은 질문을 하는데 어떤 사람인지는 모른다고 했습니다.

제가 장 선생을 알게 된 것은 우연이었습니다. 1982년 베이징 싼롄서점三聯書店에서 장 선생의 『중국 청동기시대中國靑銅時代』가 출판되었고, 저는 그 책을 자세히 읽었기 때문에 저자의 이름을 기억하게 되었어요. 그런데 뜻밖에도 3년이 지나 하버드대학에서 장 선생을 만나게 된 것이죠. 장 선생은 제 발음을 듣더니 베이징 어느 초등학교를 나왔느냐고 물었어요. 저는 그가 사람의 교육 배경을 알기 위해 초등학교에서 질문을 시작하는 걸 보고 속으로 깜짝 놀랐어요. 그래서 저는 사실대로 대답했고 장 선생은 아주 기뻐하며 내게 악수를 청하더군요. 알고 보니 우리는 초등학교 동문이었습니다. 장 선생의 초등학교 때 은사이신 타오수판陶淑範 선생은 20년 후 제가 학교 다닐 때는 이미 교장이 되셨고, 제 은사님은 당시 스무 살에 교편을 잡은 옌자푸閻家浦 선생이셨죠.

장 선생은 청렴하고 공정한 분입니다. 제 은사이신 옌자푸 선생도 청렴하고 공정한 분이죠. 제 중학교 은사이신 다이서우정戴守正 선생도 두 분과 마찬가지로 청렴하고 공정한 분입니다. 사도師道는 존엄하다고 할 때 존엄 두 글자는 그 핵심이 바로 청렴과 공정이지 엄격함이 아닙니다.[2]

"하출도, 낙출서河出圖, 洛出書" 이야기로 돌아가겠습니다. 이것은 중국에서 아주 오래된 화제 중 하나입니다. 이 가운데 하수는 황하黃河(황허강)를 가리키고 낙수는 낙하洛河(뤄허강)를 가리킵니다. 황하는 말할 필요도 없지만 낙하도 아주 유명합니다. 삼국시대 위魏나라 조식曹植(192~232)은 「낙신부洛神賦」를 썼죠. 전설에 따르면 조식이 사랑했던 자신의 형수 견씨甄氏를 묘사했다고 합니다. 문장이 매우 훌륭합니다. "신령한 빛이 어른거리며 어두워졌다 밝아졌다 하네神光離合, 乍陰乍陽." 바람이 불 때 우리가 나무 아래에서 사람 얼굴을 보면 햇살 그림자가 일렁이며 어두워졌다 밝아졌다 하죠? "날아갈 듯하면서도 아직 비상하지는 않았네若將飛而未翔." 여러분도 강변에서 새를 본 적이 있으시죠? 물 위에 떠 있는 새는 날아오르려고 날개를 열심히 퍼덕이다가 이윽고 양 날개를 나란하게 펴고 하늘로 날아오릅니다. 처음에 날아오르려 할 때는 양 날개를 부채질 하듯 열심히 퍼덕이고 그 후에 비로소 양 날개를 나란하게 펼치죠. 두 발은 아직도 수면 위에 붙어 있습니다. '날아가면서도 아직 비상하지 않았다'라는 말은 새의 몸이 막 수면을 떠나려 하면서 그 직후에 비로소 비상함을 의미합니다. 이와 같은 전환의 경계 지점과 그러한 상태가 사람을 가장 감동시키죠. 이런 문장은 젊을 때 외우지 않아도 한 번 보면 바로 기억됩니다. 그 후 동진東晉 때 왕헌지王獻之(344~386)는 작은 해서小楷로 「낙신부」를 썼는데 후세 사람들은 그것을 "작은 해서의 최고 모범小楷極則"이라고 일컬었어요. 이 작품을 뛰어넘을 사람이 없다는 뜻이죠. 확실히 그렇습니다. 예리하고 경쾌하여 마치 물에 젖지 않는 깃털과 같습니다. 또 동진 때 고개지顧愷之(348~409)는

「낙신부」를 그림으로 남겼어요. 우리가 지금 볼 수 있는 「낙신부」 그림 두루마리는 후세 사람이 임모臨摹한 것입니다. 그러나 그림 속 모든 인물의 두 눈동자를 정교하게 처리했을 뿐 나머지는 모두 일반적인 선박과 복식입니다. 어쩔 수 없이 원작 시가 최상이고, 서예가 그 다음이며, 그림은 좀 손색이 있습니다. 원작에서부터 차례대로 작품의 수준이 정해진 듯하군요.

　「하도」와 「낙서」에는 아주 오래된 전설이 얽혀 있습니다. 대략 조사하여 아래에 열거해봤습니다.

『상서尚書』「고명顧命」 : 옥기玉器가 다섯 겹인데, 진보陳寶, 적도赤刀, 대훈大訓, 홍벽弘璧, 완염琬琰을 서쪽 담장 앞에 놓았고, 대옥大玉, 이옥夷玉, 천구天球, 하도河圖를 동쪽 담장 앞에 놓았다越玉五重, 陳寶, 赤刀, 大訓, 弘璧, 琬琰在西序, 大玉, 夷玉, 天球, 河圖在東序.[3]

『논어論語』「자한子罕」 : 봉황도 오지 않고, 하수에서 그림도 나오지 않으니 나도 이제 끝인가?子曰, 鳳鳥不至, 河不出圖, 吾已矣夫.

『관자管子』「소광小匡」 : 옛 사람 중에 천명을 받은 사람이 나타나면 용과 거북龍龜이 나타나고, 하수에서 그림이 나오고, 낙수에서 글씨가 나오고, 땅에서는 승황乘黃[4]이 나온다. 지금은 이 세 가지 상서로운 조짐을 볼 수 없다昔人之受命者, 龍龜假, 河出圖, 雒出書, 地出乘黃. 今三祥未見有者.

『예기禮記』「예운禮運」 : 하수에서 용마가 그림을 등에 지고 나왔고, 봉황과 기린이 모두 교외에 나타났고, 거북과 용이 궁궐 연못에 나타났다河出馬圖, 鳳皇麒麟皆在郊, 龜龍在宮沼.

여기에서도 볼 수 있듯이 상나라 때는 「하도」라는 것에 대해서 아주 확실하게 알고 있었고 그것의 배열 위치도 명확하게 그려낼 수 있었습니다. 하지만 춘추시대 말기에서 전국시대에 이르면 「하도」와 「낙서」가 나타나지 않는 현상에 초조감을 표현하고 있습니다. 위의 서술에서는 「하도」와 「낙서」가 상서로움의 상징입니다. 이 두 가지는 본래 존재했는데, 다만 오랫동안 나타나지 않았을 뿐이라는 겁니다. 게다가 이 두 가지는 천명을 받을 사람 즉 성인聖人, 다시 맹자孟子 식으로 말해본다면 하늘이 대임大任을 맡길 사람을 위해 준비한다는 것이죠.

그럼 이 두 가지는 도대체 어떤 것인가? 그 모양은 어떻고 기능은 어떤가? 전국시대 말기를 거쳐 진秦나라가 중국을 통일한 이후에 이르면 전혀 알 수 없는 상황에 처하게 됩니다. 추측만 무성하여 「하도」와 「낙서」는 진정으로 신비한 상태에 빠져들고 말죠.

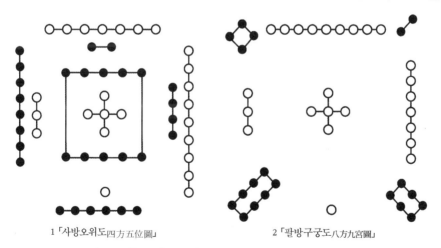

1 「사방오위도四方五位圖」   2 「팔방구궁도八方九宮圖」

펑스馮時, 『중국 천문고고학中國天文考古學』, 501쪽에서 재인용

그런 상황이 송宋나라 때까지 지속됐습니다. 주희朱熹(1130~1200) 즉 주자朱子, 우리가 흔히 말하는 주노부자朱老夫子에 이르러, 그분이 「하도」와 「낙서」를 끝까지 탐구하려고 결심합니다. 결과적으로 그분에 의해 비밀이 밝혀지죠. 주자는 『주역본의周易本義』[5]에서 명확하게 『하도』와 『낙서』를 그려냅니다. 우리 한번 구경해볼까요?

왼쪽 그림은 「사방오위도四方五位圖」로 「하도」이고, 오른쪽 그림은 「팔방구궁도八方九宮圖」로 「낙서」입니다.

이 두 가지 그림의 발견 경로를 살펴보면 참 재미있습니다. 유명한 일화죠. 주희에게는 채계통蔡季通(1135~1198)[6]이라는 제자가 있었어요. 채계통이 막 스승을 만나뵈러 왔을 때 주희는 그를 매우 존중하면서 친구라고만 불렀을 뿐 제자의 대열에 서게 하지 않았어요.

채계통의 장기는 그림에 대한 이해력이 매우 뛰어났다는 점이죠. 그래서 주희는 그에게 「하도」와 「낙서」를 찾게 했어요. 채계통은 장강長江 삼협三峽을 따라 촉蜀(쓰촨성) 땅으로 들어가서 정말로 「하도」와 「낙서」를 찾아냈습니다. 그것을 가지고 천 리 먼 길을 돌아와 주희에게 바쳤어요. 주희는 이 두 가지 그림을 『주역본의』 첫머리에 실었죠. 이것이 바로 여러분이 지금 보고 있는 이 두 가지 그림입니다.[7]

이제 두 그림을 보도록 하죠. 그림에는 흑과 백으로 된 두 가지 동그라미가 있죠. 흡사 바둑돌 같습니다. 이것들은 몇 가지 방위의 규정에 따라 홀수와 짝수로 구성되어 있습니다. 그럼 이 두 장의 그림에 대한 주희의 해석을 살펴보죠.

『주역周易』 「계사전繫辭傳」에서는 이렇게 말했다. "하수에서 그림이 나오고, 낙수에서 글씨가 나와서 성인이 그것을 법도로 삼았다." 또 이렇게 말했다. "하늘 1, 땅 2, 하늘 3, 땅 4, 하늘 5, 땅 6, 하늘 7, 땅 8, 하늘 9, 땅 10으로 이루어져 있다. 하늘의 수天數가 다섯이요, 땅의 수地數가 다섯이니, 다섯 방위가 서로 위치를 얻어 각각 합하면 하늘의 수는 25요, 땅의 수는 30이다. 무릇 하늘과 땅의 수가 55이니 이것이 변화를 생성하고 귀신을 움직이는 방법이다." 이것이 「하도」의 수다. 「낙서」는 대체로 거북의 모습에서 형상을 취했다. 이 때문에 그 숫자를 보면, 9를 머리에 이고, 1을 밟고 있으며, 왼쪽은 3, 오른쪽은 7, 2와 4는 어깨, 6과 8은 발이 되고 있다.

「繫辭傳」曰, "河出圖, 洛出書, 聖人則之." 又曰, "天一, 地二, 天三, 地四, 天五, 地六, 天七, 地八, 天九, 地十. 天數五, 地數五, 五位相得而各有合. 天數二十有五, 地數三十. 凡天地之數五十有五, 此所以成變化而行鬼神也." 此河圖之數也. 洛書蓋取龜象, 故其數戴九履一, 左三右七, 二四爲肩, 六八爲足.[8]

배치된 숫자에 대한 정의와 해석이 매우 완벽합니다. 사정은 여기에 이르러 완전히 끝나버린 거죠. 천 년 동안 전해져온 수수께끼가 풀린 것입니다. 제가 이 강연을 처음 시작할 때, 미국에서 어떤 늙은 이를 만났다고 했죠? 그 늙은이는 「하도」와 「낙서」가 중국 문화의 문제를 해결하는 키포인트라고 인식했습니다. 저는 그 까닭이 바로 주희의 해석과 같은 이유에서 왔다고 믿습니다. 틀림없이 그럴 겁니다. 후세 사람들은 『역경易經』을 해석하고 응용할 때 주희의 「하도」

와 「낙서」를 경전으로 삼고 있습니다. 민간의 대가들이 과거를 드러내고, 현재를 해석하고, 미래를 추측할 때도 지금까지 줄곧 주희의 「하도」와 「낙서」를 근거로 삼아왔죠. 모든 사람이 자신의 운명에 대해 의문이 들거나 천하대사가 아직 확정되지 않았을 때 미래를 계산하고 추측해보고 싶은 건 모두 인지상정일 겁니다.

여러분이 만약 『주역』의 괘수卦數와 괘상卦象, 「하도」와 「낙서」를 정밀하게 연구하여 사람들에게 괘를 뽑아주고 운명을 예측해주면 먹고 사는 데 걱정이 없어질 겁니다. 여러분 같은 대학원생들은 어렵게 공부하는 사람이 많은데 그 어려움에서도 바로 벗어날 수 있겠죠.

제 친구 하나가 이전에 미술계에서 괘를 잘 뽑는 것으로 아주 유명했죠. 그가 1989년 6월에 뉴욕으로 갔는데 먹고 살 수가 없었어요. 그래서 자기 친구의 가게를 봐주며 푼돈을 벌고 있었죠. 어느 날 자기 친구가 보스턴에서 온 화교 상인 한 사람을 소개하면서 사업 운세를 좀 봐달라고 했답니다. 제 친구는 손가락으로 운수를 짚어본 후에 "당신은 열흘 후에 갈 사람인데 무슨 운세가 있겠소?"라고 했다는군요. 과연 그 상인은 집으로 돌아간 후 7일 만에 세상을 떠났답니다. 그래서 베이징에서 온 『주역』 도사가 정말 족집게처럼 맞추는데 그야말로 신선에 비견할 만하다는 소문이 났어요. 결과적으로 제 친구의 밥벌이 시장이 순식간에 열린 거죠. 제가 볼 때는 제 친구도 한 줄기 혈로를 뚫은 사람이라 할 수 있습니다. 중국인은 참 재미있어요. 점치는 걸 한 번으로 그만두지 않죠. 용한 사람을 만날 때마다 한 번씩 점을 쳐요. 나중에 저는 전 세계 사람이 모두 똑같다는 걸 발견했습니다.

1993년 구이저우인민출판사에서 『첸 서북주 이족 미술: 그림과 도형, 이족 문자 고적에 삽입된 그림黔西北彝族美術: 那史,彝文古籍挿圖』이란 책을 출간했어요. 겨우 1000부를 인쇄했는데 많다면 많고 적다면 적을 수 있지만 모든 게 흥미로운 내용이에요. 책 내용은 전부 고대인들이 손으로 그린 삽화인데 매우 귀한 자료입니다. 그 속에 들어 있는 그림 두 장을 볼까요?

그렇습니다. 이 도형은 『주역본의』의 그림 두 장과 완전히 일치합니다. 다만 「천수」로 불리는 그림은 『주역본의』의 「하도」이고, 「지수」로 불리는 그림은 『주역본의』의 「낙서」일 뿐이죠. 이것은 틀림없이 당년에 채계통이 촉 땅 이족彝族 마을에서 베낀 그림일 것입니다.

매우 완벽하죠. 내력도 있고 근거도 있습니다. 「하도」와 「낙서」에

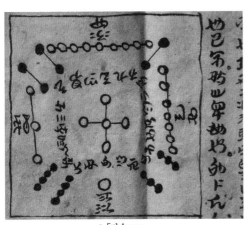

3 「지수地數」

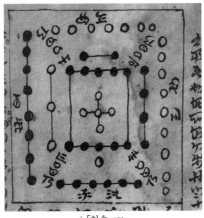

4 「천수天數」

흰 동그라미는 양陽을 나타내는데 천수를 표시했고, 검은 점은 음陰을 나타내는데 지수를 표시했습니다. 천수와 지수는 모두 55인데 이것을 일러 '오생십성五生十成' '십생오성十生五成'이라고 합니다.(『첸 서북주 이족 미술: 그림과 도형, 이족 문자 고적에 삽입된 그림』, 구이저우인민출판사, 1993

관한 수수께끼는 완전히 풀렸다고 할 만합니다.

이족은 전한前漢 이전 이른 시기부터 고도로 발달한 역학易學을 갖고 있었어요. 전한의 저명한 학자 엄준嚴遵(기원전 86~기원전 10)[9]이 바로 이족 학자로부터 역학을 배웠죠. 『송사宋史』에는 이렇게 기록되어 있습니다. "곽낭씨郭曩氏라는 사람은 대대로 남평南平에 살았다. 그의 시조는 한나라 때 엄군평嚴君平의 스승이었다. 역학을 전했는데 대체로 상수象數 역학이다郭曩氏者, 世家南平, 始祖在漢爲嚴君平之師. 世傳『易』學, 蓋象數之學也."[10] 이 기록에서도 알 수 있듯 이족 사람들이 전승한 역학의 주요 특징은 바로 '상수 역학'입니다.

하지만 사건은 늘 예상하지 못한 부분에서 일어나곤 합니다.

나중에야 알게 된 사실이지만 채계통은 촉 땅에 가서 본래 그림 세 장을 구했어요. 돌아와서 주희를 만날 때 그는 두 장만 바치고 한 장은 자신이 비밀리에 감췄습니다. 감춘 한 장이 무슨 그림인지 당시에는 아무도 몰랐다는군요. 그러다가 원元나라 원각袁桷(1266~1327)이 『육서본의六書本義』를 출간하면서 처음으로 채계통이 이 그림을 자신의 손자 채항蔡抗의 집에 감췄다는 사실을 폭로했답니다. 그리고 원나라 말기에서 명明나라 초기 무렵에 조휘겸趙撝謙이란 사람이 『육서본의』에서 폭로한 이 그림을 「천지자연하도天地自然河圖」라고 명명했어요. 그리고 이렇게 말했죠. "이 그림은 채원정蔡元定 즉 채계통이 촉 땅의 한 은자에게서 구한 것인데, 그 후 비밀에 부쳐 두고 세상에 전하지 않아서 주자조차도 이 그림을 본 적이 없다. 나는 지금 이 그림을 진백부陳伯敷에게서 구했다. 이 그림에는 태극이 음양을 포함하고 음양이 팔괘를 포함하는 오묘함이 깃들어 있다."

5 「천지자연하도天地自然河圖」
펑스, 『중국 천문고고학』, 486쪽에서
재인용

자 이제 이 그림을 좀 보실까요.

여러분은 물론 "이거 태극음양부太極陰陽符 아냐?"라고 말씀하실
수도 있을 겁니다. 그렇죠. 바로 그렇습니다.

다시 이족의 도형에서 찾은 것인데요. 이 그림도 좀 보시죠.

본래 후세 사람들에 의해 정밀화된 태극음양도의 원본은 또아리

6 이족 전통 도안
펑스, 『중국 천문고고학』, 491쪽에서 재인용

를 튼 한 마리 용사龍蛇였고, 색깔은 검은 자주색 즉 현색玄色이었습니다. 나중에 비로소 서로 마주보는 두 마리 용사가 되었고 한 마리는 검은색 한 마리는 흰색으로 그려 일음일양一陰一陽의 의미를 담았죠. 이후 명청明淸 시대에 이르러서야 지금 우리가 익숙하게 접하고 있는 태극음양도로 규범화되었습니다. 조휘겸은 태극도를 「천지자연하도」라고 불렀으니, 말하자면 원래의 「하도」가 바로 태극도인 셈입니다.[11] 저는 주자를 대신해서 극도의 억울함을 표합니다. 하긴 주자께서 친구를 신중하게 사귀지 못했고 사람을 세밀하게 살피지 못한 탓이겠죠.

이로써 채계통이 촉 땅으로 들어가서 얻은 그림 세 장을 전부 봤습니다. 이 이야기는 『다빈치코드』에 비견할 만하고, 사건의 실마리를 해결해가는 과정이 좀 더 흥미롭기도 합니다. 이 이야기를 절대로 영화감독에게 알려줘서는 안 됩니다. 그들은 틀림없이 채계통을 각색하여 하늘을 마음대로 날아다니는 인물로 만들 겁니다. 그리고 출생의 비밀, 문화 암호, 소수민족, 야만, 보물 탈취 등의 코드를 보태고 거기에다 또 스타급 여배우를 짝지어서 일음일양一陰一陽의 러브스토리로 촬영하겠죠. 물론 성인聖人 캐릭터도 들어갈 겁니다. 그런데 성인도 사람인지라 질투가 나서 이 한 쌍의 원앙을 몽둥이로 두들겨 패겠죠. 그래서 제자는 복수심을 품고 세 장의 그림 중에서 두 장만 바칠 겁니다. 그렇지 않을까요? 그럼 가까스로 분명하게 밝혀진 사실이 또 다시 애매모호한 상태로 되돌아가겠죠. 아! 여러분은 동의하지 못하시겠다고요? 그럼 제가 실례했군요. 미안합니다. 저는 이런 류의 스토리를 리샤오룽李小龍 영화를 통해서 봤어요. 고

화질이었는데, 지금 그 생각을 하니 다시 한번 보고 싶군요.

새로운 발견이 이루어지지 않는다면 우리 강의는 여기서 끝낼 수
도 있습니다.

그러나 실제로 우리 강의는 지금부터 시작입니다.

「낙서 洛書」

이야기를 시작하자니 벌써 20년 전의 일이군요. 1985년 안후이성 한산현含山縣 퉁자진銅閘鎭 링자탄촌凌家灘村에서 지금부터 대략 5000여 년 전, 즉 기원전 3200년 무렵의 신석기시대 유적이 발견됐습니다. 1987년 6월에 1차 발굴이 시작되어 1989년에야 『문물文物』 제4기에 두 차례 발굴 보고서가 실렸습니다. 또 1998년에는 3차 발굴이 있었습니다.

1989년 발굴 보고서가 나오고 나서 바로 1990년 『문물연구文物研究』 제6집에 홍콩의 라오쭝이饒宗頤 선생이 쓴 논문 「문자 이전에 '방위'와 '수리관계'를 표시한 옥판: 한산 출토 옥판에 관한 소론未有文字以前表示'方位'與'數理關系'的玉版: 含山出土玉版小論」이 발표됐죠. 기실 이전에도 발굴 보고서 사진을 본 사람들은 아마 깜짝 놀라며 "우와! 진짜 물건이 출토됐네!"라고 느꼈을 겁니다.

자, 그림7을 보실까요.

7 옥판玉版. 87M4:30(기원전3500년 신석기시대, 안후이성 한산현 퉁자진 링자탄촌, 1987년 출토.)

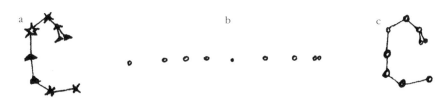

8 옥판의 아홉 개 구멍과 성수星宿: 별자리의 대응 관계.
a 성수 별자리 모습 개념도. b 옥판의 아홉 개 구멍 개념도.
c 옥판의 아홉 개 구멍을 굽은 모습으로 그린 개념도(왕위청王育成, 『한산 옥귀 옥편 보고含山玉龜玉片補考』)

중국사회과학원 역사연구원 왕위청 선생은 옥판의 구멍이 청룡[14] 7수七宿 중 미수尾宿의 7개 별과 대응한다고 인식했습니다. 이 관점은 매우 중요합니다. 우리는 뒤에서 「하도」를 언급할 때 이것과 다른 사물의 중요한 관련성을 분명하게 알 수 있을 겁니다.

9 옥귀玉龜. 87M4:29 안후이성 한산현
퉁자진 링자탄촌, 1987년 출토.

10 옥귀의 배와 등. 안후이성 한산현
퉁자진 링자탄촌, 1987년 출토.

이전에 강의한 「낙서」에 관한 전설들은 모두 「낙서」가 낙수에서 나온 거북 등에 그려진 그림이란 사실을 강조하고 있었죠. 여러분이 이런 사실을 기억하고 있다면 이제 옥으로 깎아 만든 거북(그림9)을 보시죠. 그 옆은 등과 배 두 부분으로 나눈 그림(그림10)입니다. 이 두 가지를 결합하면 이처럼 하나의 거북 모양이 됩니다. 발굴 보고서에 따르면 그림7의 옥판은 출토 당시에 이 옥거북 안에 내장되어 있었다고 합니다. 거북과 옥판이 하나의 체계를 이루고 있죠. 음! 이것은 「낙서」에 얽힌 전설과 아주 흡사한 모습입니다.

자, 이제 이 옥판을 자세히 살펴보겠습니다.

상변에는 작은 구멍이 9개 있고, 하변에는 작은 구멍이 4개 있으며 좌우 양변에는 각각 작은 구멍이 5개씩 있습니다.

이러한 숫자의 배열이 좀 익숙하지 않습니까? 그렇습니다. 우리는 주희가 『주역본의』에서 열거한 그림을 다시 떠올릴 수 있을 겁니다. 채계통이 쓰촨에서 가져온 그 두 장의 그림 말이죠. 이 옥판에는 고대 산술算術에 관한 일련의 지식이 들어 있습니다.[12] 중국의 고대 산술에 관한 더 많은 지식을 습득하시려는 분들에게 저는 베이징대학 리링李零 교수의 『중국 방술 정고中國方術正考』와 『중국 방술 속고中國方術續考』를 추천해드립니다. 중화서국에서 2006년에 출간되었어요. 리링 선생은 중국 문명의 황무지를 연구하고 개척하셨는데요. 그 공적이 정말 지대합니다.

여러분은 물론 이 옥판에 새겨진 도안에도 관심이 있을 겁니다. 여러분은 조형을 공부하고 있으니까요. 기실 조형을 공부하지 않은 사람이라도 이 속에 팔각 별무늬 도안이 있다는 걸 금방 알아차릴 수 있겠죠. 그리고 둥근 원이 둘러쳐져 있고 다시 외곽에도 둥근 원이 있습니다. 이 두 개의 원 사이에는 화살 표시 도안이 8개 분포해 있고 그것은 각각 여덟 곳의 방향을 가리킵니다. 큰 원 밖에는 또 화살 표시 4개가 있죠. 이것도 각각 대각선으로 네 방향을 가리키고 있습니다. 일본 학자 하야시 미나오林巳奈夫는 『중국 고대의 신들中國古代衆神』이란 저서에서 옥판의 도형이 방향과 관련이 있다는 사실을 인정했습니다.[3]

이것이 바로 그 명성도 뜨르르한 「낙서」일까요?

이 대목에서 제가 책 한 권을 소개하고자 합니다. 중국사회과학원 고고연구소 연구원 펑스馮時 선생의 『중국 천문고고학中國天文考古學』입니다.

제가 가장 흥미로웠던 것은 바로 옥판 중심부의 팔각 도안이었어요. 저는 이것을 이전에 서남 지역에서 거주할 때 늘 목격했지만 그 도안이 도대체 무엇을 의미하는지는 몰랐죠. 펑스 선생의 증명에 의하면 이 옥판에 새겨진 팔각 도안은 바로 「낙서」 부호이고 우리가 일상적으로 잘 알고 있는 구궁도九宮圖와 같은 것이라고 해요.

이 팔각무늬를 대다수 학자는 태양 숭배의 부호라고 인식하지만 저는 태양 숭배라고 생각하지 않습니다. 중국 문화에 태양 숭배가 있었을까요? 저는 적어도 한나라 이전 즉 우리가 흔히 말하는 선진 시대에서 신석기시대로 거슬러 올라가면 태양 숭배가 없었다고 생각합니다. 신화와 전설에서 후예后羿가 화살로 태양을 쏘는 이야기는 여러분도 잘 아실 겁니다. 이 신화에서 태양은 아무 것도 아니에요. 화살로 태양을 쏴서 아홉 개나 떨어뜨리죠. 『상서』 「탕서湯誓」의 기록은 더욱 끔찍합니다. 하夏나라에서는 왕을 후后라고 불렀습니다(상나라와 주나라에서는 왕으로 칭함). 하후夏后 우禹, 하후 계啓 등을 거쳐 마지막 임금 하후 걸桀에 이르죠. 전설에 따르면 하후 걸은 매우 포악했고 자신을 태양에 비견했어요. 그래서 당시 사람들은 이렇게 저주했죠. "저 태양은 언제 사라지나? 나는 너와 함께 멸망하리라時日曷喪, 予及女皆亡!" 이 밖에도 『산해경山海經』에 태양과 관련된 기록이 있습니다.

『산해경』「해내북경海外北經」: 과보誇父는 태양을 뒤쫓아 달려가다가 해가 지는 곳에 닿았다. 그때 목이 말라 물을 마시고 싶었다. 하수와 위수의 물을 마셨으나 부족해서 저 북쪽 대택大澤의 물을 마시려 했다. 그러나 그곳에 이르지 못하고 길 위에서 목이 말라 죽었다. 과보가 지팡이를 버렸는데, 그것이 변하여 등나무 숲이 되었다夸父與日逐走, 入日. 渴, 欲得飮, 飮於河.渭, 河.渭不足, 北飮大澤. 未至, 道渴而死. 棄其杖, 化爲鄧林.

『산해경』「대황북경大荒北經」: 대황大荒 가운데 성도재천成都載天이라는 이름의 산이 있다. 그곳에 어떤 사람이 사는데 귀에 누런 뱀 두 마리를 걸고, 손에는 누런 뱀 두 마리를 잡고 있다. 그의 이름은 과보다. 후토后土는 신信을 낳고, 신은 과보를 낳았다. 과보는 자신의 힘을 헤아리지도 않고 해 그림자를 쫓아가려 하면서 우곡禺谷에 이르렀다. 하수를 다 마셔도 부족해서 대택大澤으로 가려다가 그곳에 이르지 못하고 이곳에서 죽었다.

또는 응룡應龍이 이미 치우蚩尤를 죽이고 다시 과보를 죽인 뒤 남방으로 가서 살았기 때문에 남방에 비가 많이 온다고 한다大荒之中, 有山名曰成都載天. 有人珥兩黃蛇, 把兩黃蛇, 名曰夸父. 后土生信, 信生夸父. 夸父不量力, 欲追日景, 逮之于禺谷. 將飲河而不足也, 將走大澤, 未至, 死於此. 應龍已殺蚩尤, 又殺夸父, 乃去南方處之, 故南方多雨.

과보가 태양을 쫓아간다는 이야기는 그 태도가 매우 불경합니다. 이 두 가지 이야기는 신화입니다. 두 번째 이야기가 비교적 정확한데, '일경日景'을 쫓아가려 했기 때문이죠. 여기에서 '경景'은 '영影(그림자)'과 같습니다. 따라서 해 그림자를 쫓아간다는 것은 태양 자체를 쫓아가는 것이 아닙니다. 또 목이 말라 죽은 것이 아니라 응룡에게 피살되었다고 했죠. 염제炎帝의 후예 공공共工이 후토를 낳았고, 후토의 손자가 과보입니다. 응룡은 황제黃帝의 주력군 지휘관이었고 물을 관장하는 신이었죠. 따라서 두 번째 신화는 아득히 먼 옛날 염제와 황제의 전쟁을 이야기한 것입니다. 동시에 또 과보가 몸에 뱀 네 마리를 걸치고 있는 무당임을 드러내고 있습니다. 첫 번째 신화는 두 번째 신화에서 파생된 이야기로 봐야 합니다. 결과적으로 태양을 뒤쫓아 간다는 식의 이야기가 되었죠.

이 신화의 신화학적 의미는 무당이 '간杆' 즉 지팡이를 사용한다는 건데요. 그것은 기실 복희伏羲가 손에 들고 있는 '거距'입니다. 우리는 지금도 "거리距離가 얼마냐?"란 말을 쓰죠. 무당은 그 지팡이로 해 그림자를 측정합니다. 그것이 바로 우리가 나중에 보게 되는 해시계의 원형입니다. 무당이 중요하게 보는 것은 지팡이 그림자의 길이인데요. 태양이 서쪽으로 넘어갈 때 지팡이 그림자가 길어지는 속도가 갈수록 더 빨라지죠. 이것이 마치 태양을 뒤쫓아가는 모습과 흡사합니다.

저는 윈난雲南에 있을 때 해질 무렵 내 곁에 있는 큰 나무 그림자가 낮은 산에서 더 높은 산으로 재빨리 이동하는 걸 즐겨 바라보곤 했어요. 그 시간이 되면 '아, 이제 금방 일을 마치겠구나! 괭이를 둘러메고 하산하여 숙소로 돌아가겠네. 그럼 발 씻고, 밥 먹고, 편히 쉴 수 있겠네'라고 생각하곤 했죠. 음, 좀 시적인 풍경이죠? 여러분! 시적으로 느껴지지 않으세요? 아! 그러나 그것은 여러분이 평생 경험해보지 못한 고된 노동이었어요. 산시陝西 북부와 산시山西 북부 사람들은 땅을 갈고 농사짓는 일을 '수고受苦(고통 받다)'라 하고 간단히 '수受'라고도 합니다. 민요에 항상 등장하는 '수고인受苦人(고통 받는 사람)'은 바로 농사짓는 사람이란 뜻이지, 계급적으로 압박 받는 사람이란 뜻이 아니에요. 지주계급의 부농들도 '고통'을 받죠. 그것이 농사를 경영하는 능력과 관련되어 있을 뿐이긴 하지만요. 그럼 이제 등림으로 변한 그 지팡이 이야기로 돌아가보기로 하겠습니다. 지금도 도교의 도사들은 여전히 복숭아나무나 복숭아나무로 만든 칼로 귀신을 몰아내고 사악한 기운을 내쫓습니다. 이것은 아주 오래 전에 발생한 신화의 의미가 지금까지 전해져온 것입니다.

자, 그럼 태양을 숭배하지 않으면 뭘 숭배할까요? 저는 뒤에서 극성極星 즉 북극성이자 소위 태일太一을 숭배한다는 걸 증명할 겁니다. 북극성은 고대인들이 볼 때 움직이지 않는 별입니다. 하늘 가득한 별과 모든 별자리가 북극성을 둘러싸고 돕니다. 태양도 그 별 가운

낙
서
하
도

데 하나일 뿐이죠. 여럿 가운데 하나인 것을 숭배하지는 않을 겁니다. 유일한 것을 숭배하겠죠. 언제부터 명확하게 태양을 숭배했을까요? 불교가 후한 시기에 전래된 이후에야 태양 숭배 관념이 생깁니다. 나중에 불교조형사佛敎造型史를 이야기할 때 다시 거론하겠습니다. 물론 전한 시기의 도형에도 해와 달의 형상이 아주 많습니다.

저는 1960년대에 '문화대혁명'을 겪었어요. 고등학교 1, 2학년 때 학업이 중단되었죠. 그 이후 바로 청년 지식인의 상산하향上山下鄕 운동이 벌어졌습니다. 그것은 물론 운동이었어요. 전국의 수백만 중고등학생이 모두 운동에 참가해야 했죠. 대학도 폐지되어 오직 '출로出路'만 있을 뿐이었어요. 출로가 바로 '산으로 올라가고 시골로 내려가는上山下鄕' 것이었죠. 여러분은 지금 초등학교, 중고등학교, 대학 학부 과정, 대학원 과정을 밟으며 진학하죠? 그런데 반세기 전에는 한 국가의 교육체계가 완전히 붕괴되었습니다. 여러분은 어쩌면 그것이 일종의 악작극으로 느껴질 수도 있을 겁니다. 그러나 저는 지금 생각해봐도 여전히 두려운 마음이 듭니다. 지금 현실의 악작극은 스트레스를 해소하는 오락이고 그 속에 유머가 포함되어 있죠. 하지만 우리가 겪은 당시의 그 악작극은 정말 흉악했습니다. 악작극의 결과는 몇 세대 중국 인재의 붕괴였죠. 제 몇몇 학우와 몇몇 친구는 모두 일류 인재였어요. 천재라고 할 수 있을 정도였죠. 제가 고등학교에 다닐 때 몇몇 학생은 이미 학교에서 뭘 배울 필요가 없었어요. 그래서 학교 당국에서는 그들에게 학교 안을 마음대로 어슬렁거리며 돌아다닐 수 있도록 특별히 허락했어요. 대학에 진학할 때까지 그렇게 했죠. 저 같은 보통 수준의 학생들만 교실에서 수업을 들으며 창문을 통해 그들이 교내를 어슬렁거리는 걸 부럽게 바라보곤 했어요. 그러나 결과는 어땠나요? 상산하향이었죠. 우리 모두는 똑같아졌어요. 1978년에 대학입시가 부활되었습니다. 제 동갑 친구 한 명은 그 시절 인재였는데 현縣 소재지 거리에 좌판을 펴고 대학입시 기출 문제를 풀어주는 장사를 했어요. 당시 몇 년간 출제된 대학입시 기출 문제가 누구에 의해서인지는 모르지만 문제집으로 만들어져서 널리 유행했죠. 제 친구는 못 푸는 문제가 없었어요. 한 문제를 풀어주면 고액을 받았는데 그때 런민비人民幣로 5편分이었죠. 당시의 인재들이 얼마나 많은 돈을 벌었을지 상상이 가죠?

주제로 돌아갈까요. 저는 1960년대 말에 윈난으로 갔습니다. 저는 윈난에서 이 옥판 위에 새겨진 팔각무늬와 같은 도안이 소수민족의 의복 위에서 반짝이는 걸 늘 목격했습니다. 타이족傣族, 먀오족苗族, 이족, 징포족景頗族의 복식에 이런 도안이 많든 적든 수 놓여 있었죠. 그것이 무엇인지는 알 수 없었어요.

1970년대 중엽이 되어 도시로 귀환한 사람을 제외하고 시골에 남은 청년 지식인들은 거의 모두 유랑객이 되어 이리저리 떠돌아다녔어요. 한 번은 제가 윈난성 홍허주紅河州 핑볜현屛邊縣에 간 적이 있습니다. 이 현은 먀오족 자치현이기 때문에 먀오족 마을이 매우 많고 베트남과도 아주 가깝습니다. 저녁에 그곳 토박이 집에 투숙했는데, 모두들 방안 바닥에 설치한 화덕을 둘러싸고 앉아 한담을 나누고 있었어요. 그때 어떤 중년 여성이 들어오더군요. 지금 생각해보면 아마도 젊은 여성이었던 것 같아요. 왜냐하면 시골 사람들은 힘든 일을 많이 해서 겉으로 늙어 보이니까요. 그 여인과 그 집 주인은 먀오족 말로 대화를 나눴는데 저는 한 마디도 알아들을 수 없었어요. 그들은 한동안 귓속말을 주고받더니 남자 주인이 좀 괴로운 눈치로 낮게 신음소리를 내는 거예요. 저를 그 집에 데려갔던 사람이 제게 말했어요.

"저 여인이 병이 나서 농촌 의무대에 진찰을 받으러 갔고 그곳에서 약을 받은 후 다시 이 집 영감님을 찾아와 치료를 받으려 하는 거야."

제가 말했어요.

"아! 그럼 이 집 영감님의 의술이 다른 사람보다 뛰어나겠네."

그 사람이 또 말했죠.

"무슨 말씀, 이 집 영감님은 이전에 귀사鬼師였어. 그런데 문화대혁명이 일어나자 귀사 일을 못하게 했잖아."

제가 말했죠.

"아! 그럼, 약을 먹으면 되잖아."

그가 또 말했어요.

"너는 우리 먀오족이 여전히 귀사를 믿는다는 걸 몰라!"

그는 고개를 돌려 주인 영감에게 먀오족 말로 이야기를 하고는 다시 내게 고개를 돌려 이 한족은 친구이므로 신경 쓰지 않아도 된다고 말했어요. 저는 힘껏 고개를 끄덕여줬죠. 그러자 주인 영감은 일어나서 방문을 닫고 다시 내실로 들어가 옷장을 열고 뭘 찾는 것 같더군요. 주인 영감이 다시 나왔을 때는 사람 모습이 바뀌어 있었어요. 몸에 또 다른 옷을 걸치고 있었던 거죠. 그 옷에는 자수가 가득 놓여 있었고 등쪽 도안 중에 크지도 작지도 않은 팔각무늬가 있었어

요. 그렇죠. 그것은 바로 우리가 방금 보았던 링자탄 옥판의 팔각무
늬였어요. 주인 영감은 병을 치료할 방법을 쓰려고 했죠. 그러자 저
를 데려갔던 그 사람이 또 제게 말했어요.

"여성의 병을 치료해야 하므로 우리가 여기 있으면 불편할 테니
잠시 밖으로 나가는 게 어떨까?"

나는 좋다고 하고 그와 함께 밖으로 나갔죠. 집 바깥 하늘에는 별
이 가득 반짝이고 있었죠. 저는 집 주인 영감님의 옷에 그려진 별이
무슨 별인지 물었어요. 그는 그건 별은 아닌데 무엇인지는 자신도
모르겠다고 했어요. 그러면서 그는 귀사가 그 옷을 입고 사방팔방의
귀신을 불러와 힘든 일을 해결한다고 하더군요.

청나라 말기와 민국 초기에 왕궈웨이王國維(1877~1927)란 학자
가 있었습니다. 그로부터 시작하여 중국에 관한 학문은 새로운 인
식 시기로 접어들게 되었죠. 왕궈웨이는 1925년 칭화국학원淸華國學
院에서 '고사신증古史新證'을 강의하며 '이중증거법二重證據法'을 제창했
는데, 그것은 바로 '지하에서 출토된 새로운 자료'로 '종이에 적힌 옛
자료'를 보충하는 방법입니다. 중국의 전통 학문은 대체로 경학經學
과 사학史學이라고 할 수 있습니다. 경經은 경전의 경인데 예를 들면
사서오경四書五經과 같은 것이죠. 사학은 대체로 역사를 문자로 기록
한 것입니다. 우리가 익숙하게 알고 있는 24사史가 그것이죠. 또 중
국의 학문은 전통적으로 경학과 사학이 일가一家를 이루고 있었기
때문에 항상 경학을 중국 전통 학문이라고 일컬어왔죠. 전통 학문에
서 소위 고증은 각종 문헌을 서로의 증거로 삼는 방법입니다. 예컨
대 한 구절의 문장이나 한 가지 역사 사실을 기존의 전통 문헌으로

서로 고증하여 그 진위나 실제 의미를 증명하는 방법이 그것이죠. 청나라 중기에 건가학파乾嘉學派[15]가 있었습니다. 이 학파는 문헌의 엄격한 고증에 주안점을 두고 경학과 사학 부문의 문제를 적지 않게 해결했습니다. 그 영향이 지금까지 미치고 있는데 시간만 허락한다면 몇 가지 정밀하고 절묘한 예를 들어볼 수도 있습니다. 당시에 몇몇 학자는 양저우揚州의 소금 상인 집에서 먹고 살았는데 이것을 일종의 영예로 여겼어요. 지금은 불가능한 일이죠. 지금 돈 있는 자들은 오직 첩이나 얻어서 새끼치기에 급급하니까요.

여러분은 모두 상나라 때 갑골문이 있었다는 걸 알고 있죠? 하지만 갑골문이 발견된 것은 근래의 일입니다.[16] 겨우 100여 년 정도 됐을 뿐입니다. 왕궈웨이는 경학에 대한 소양이 아주 훌륭했고 또 서구의 철학과 미학까지 연구해서 지식 체계가 매우 넓었어요. 이 때문에 짧은 기간에 놀랄 만한 업적을 남겼습니다. 예를 들면 그는 발견된 지 오래지 않은 갑골문 자료를 이용하여『은 복사 중에 보이는 선공 선왕 고찰殷卜辭中所見先公先王考』과『은 복사 중에 보이는 선공 선왕 고찰 속편殷卜辭中所見先公先王續考』을 썼습니다. 그는 상나라 선공과 선왕의 이름과 전후 순서를 고증하여 기존 역사책에 기록된 상나라 군주 계보가 신빙성이 있음을 증명했습니다. 또 저명한 저서로 『은주제도론殷周制度論』이 있고, 기타『은허 복사에 보이는 지명 고찰殷墟卜辭中所見地名考』『삼대 지리 소기三代地理小記』『귀방 곤이 험윤 고찰鬼方昆夷玁狁考』『설에서 성탕까지 여덟 번 천도했음을 해설함說自契至於成湯八遷』『상商에 관한 해설說商』『박亳에 관한 해설說亳』『경耿에 관한 해설說耿』『은殷에 관한 해설說殷』『은례 징문殷禮徵文』 등이 있습니

11 방륜紡輪: 가락바퀴 98M19: 16. 안후이성 한산현 통자진 링자탄 출토.

량주문화良渚文化 시기의 흑도黑陶 항아리에 팔각무늬 부호가 그려져 있습니다. 그림의 구성으로 보면 절대로 펑스 선생이 연역한 방법을 쓰지 않았습니다. 그러나 나는 이것이 마치 인쇄체와 필기체의 차이와 비슷하다는 사실을 어렵지 않게 알아차릴 수 있습니다.

다. 이 저서들은 모두 이중증거법의 경전적인 범례를 운용한 것이죠. 게다가 이 저서들은 대부분 1917년 전후에 집필된 것이어서 정말 놀랄 만한 업적이라 할 수 있습니다. 물론 왕궈웨이의 『인간사화人間詞話』는 여러분도 일찍이 문화 과목을 통해 공부한 적이 있을 겁니다.

나중에 라오쭝이饒宗頤(1917~2018) 선생은 왕궈웨이의 방법을 더욱 확충하여 오중증거법五重證據法을 만들었습니다. 오중증거는 먼저 직접 증거와 간접 증거로 나뉩니다. 직접 증거에는 먼저 문헌이 있고, 문헌은 다시 경전 자료와 갑골문 자료로 나뉩니다. 그 다음이 실물 즉 고고학 자료입니다. 간접 증거는 민족학 자료와 외국 고사古史 자료입니다.

공자는 "예법을 잃었다면 들판에 가서 찾으라禮失而求諸野"[17]라고 했습니다. 기실 이것은 가장 이른 인류학의 필드워크라고 할 수 있습니다. 저는 앞에서 먀오족 귀사에 관한 일을 언급했습니다. 이것을 성실하게 조사하여 정리하면 라오 선생이 말한 민족학 자료가 되는 것이죠. 이러한 자료는 아직 살아 있습니다. 그것도 생생하게 살아 있어서 우리가 이용할 수 있고 또 증거로 삼을 수도 있습니다.

다음 강의는 제가 다량의 먀오족 자수 도안을 인용하여 중국 상고시대의 몇몇 조형에 포함된 의미를 나누어 증명해보도록 하겠습니다.

12 쑤저우蘇州 청후澄湖 유지遺址:
흑도 양귀 항아리黑陶兩耳壺. 쑤저
우 문물관리위원회 소장.

13 다원커우문화大汶口文化: 팔각 별무늬 채도분彩陶盆. 난징박물원南京博物院 소장.

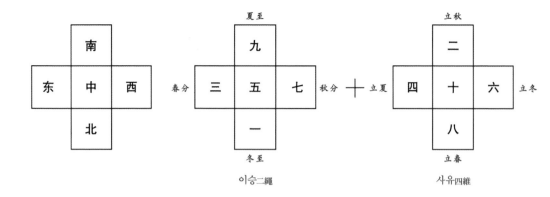

자 그림 「낙서」라는 부호가 어떻게 연역되어 나왔는지 살펴보도록 하죠.

우리가 지금 보고 있는 이 연역도演繹圖는 제가 펑스 선생이 추정한 것을 완전하게 편집해본 것입니다. 구궁도를 연역해낸 것은 전통적인 견해이지만 소위 '종횡교차법交午'을 적용한 것은 펑스 선생의 공적인데 그것이 다음 쪽 오른쪽에 있는 그림입니다. 즉 링자탄 옥판에 새겨져 있고 태양 숭배로 의심받은 빗발형 부호를 마지막 이 그림(그림14)으로 연역하여 전설상의 「낙서」 부호로 확정했습니다. 기실 이 그림은 방위를 표시하고 있습니다. 동, 남, 서, 북, 동남, 서남, 서북, 동북 8개 방향이 그것이죠. 동시에 양분兩分 즉 춘분과 추분, 그리고 양지兩至 즉 하지와 동지를 표시하고 있습니다. 펑스 선생이 그림의 조형을 바라보는 혜안이 그림의 의미를 환하게 밝혀주고 있죠. 아! 이야기는 꽤 길게 했지만 이렇게 한 마디로 정리하고 나니 통쾌한 느낌이 듭니다.

이 키포인트는 펑스 선생이 투시해냈습니다. 그 공로가 정말 지대합니다.

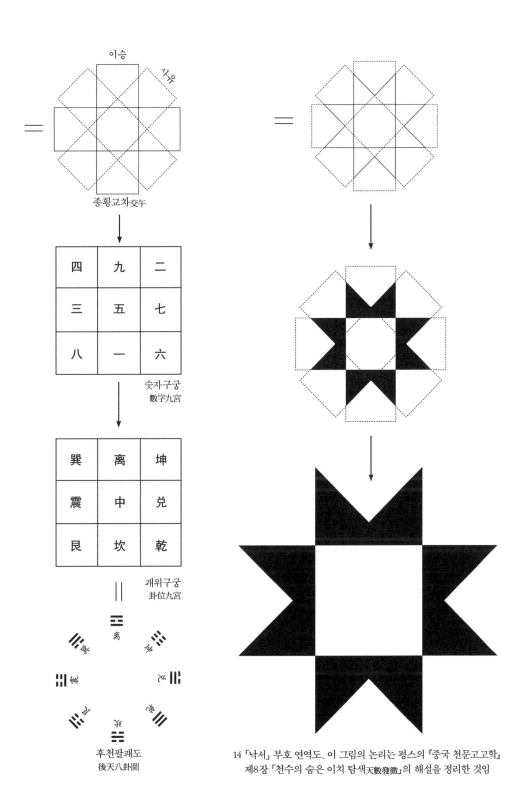

이승

저승

종횡교차交午

四	九	二
三	五	七
八	一	六

숫자구궁
數字九宮

巽	离	坤
震	中	兌
艮	坎	乾

괘위구궁
卦位九宮

후천팔괘도
後天八卦圖

14 「낙서」 부호 연역도. 이 그림의 논리는 펑스의 『중국 천문고고학』 제8장 「천수의 숨은 이치 탐색天數發微」의 해설을 정리한 것임

15 옥판 부분. 안후이성 한산현 퉁자진
링자탄에서 1987년 출토.

16 팔각 별무늬 궁형기弓形器. 상나라
말기. 허난성河南省 안양시安陽市 궈자
장郭家莊 서쪽 160호묘에서 1990년 출
토. 중국사회과학원 고고연구소 소장.

17 먀오족 포대기 부분. 수집지: 구이저
우성貴州省 류판수이시六盤水市.

하지만 왕쉬王弨 선생은 『중국문화中國文化』 1990년 제2기에 발표한 「팔각 별무늬와 선사시대 직기八角星紋與史前織機」라는 글에서 팔각별무늬가 중국 전통 직기의 날줄을 세우는 나무축의 측면 모양이라고 상세하게 고증했습니다. 우리는 이 견해도 중시할 필요가 있죠. 그림11의 가락바퀴는 링자탄 무덤에서 옥판 등과 함께 출토되었는데요. 이 또한 팔각 별무늬와 방직기가 서로 관련을 맺고 있다는 증거가 될 수 있죠.

우리가 「낙서」 부호를 알고 난 이후에는 아래의 복식 도형 속에서도 「낙서」 부호를 쉽게 찾을 수 있습니다.

18 먀오족 포대기부분. 수집지: 구이저우성 류판수이시六盤水市.

19 야오족瑤族 혼례복婚禮服. 수집지: 광시좡족자치구廣西壯族自治區 난단현南丹縣.

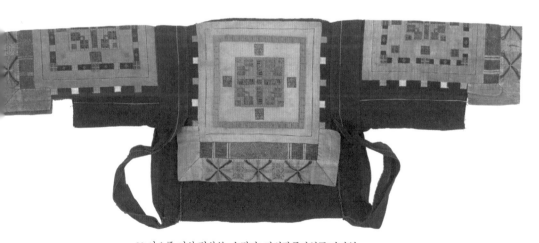

20 야오족 여성 평상복. 수집지: 광시좡족자치구 난단현.

21 좡족 여성 의복과 신발. 수집지: 윈난성 원산현文山縣.

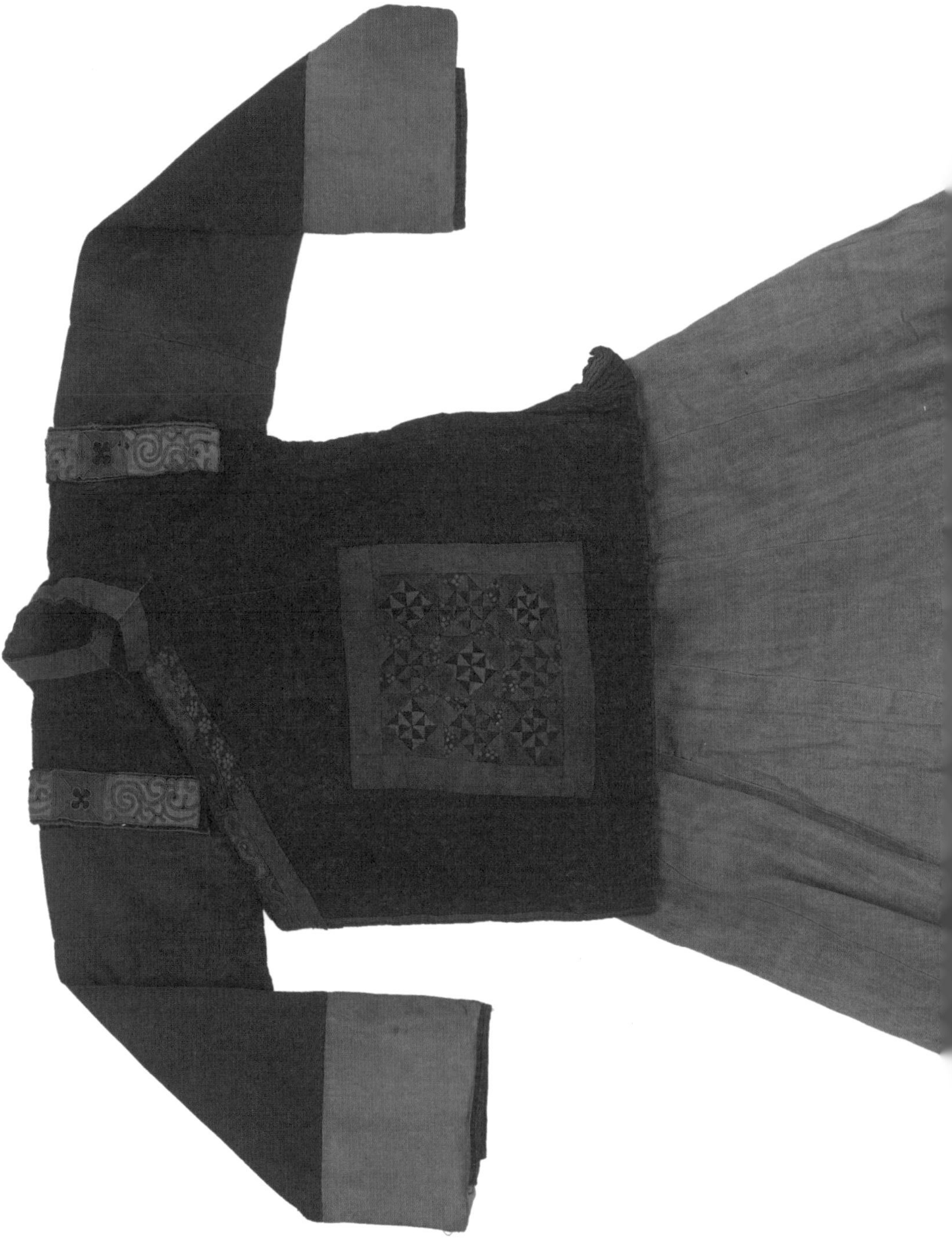

22 먀오족 포대기. 수집지:
구이저우성 구이딩현貴定縣.

23
광시 좡족 포대기.
수집지:
광시좡족자치구
리푸현荔浦縣.

24 먀오족 포대기. 수집지: 구이저우성 황핑현黃平縣.

25 먀오족 포대기. 수집지: 구이저우성 황핑현.

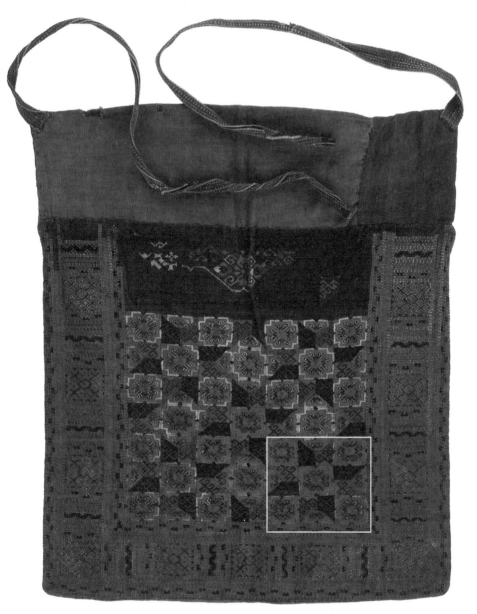

27 거자족 (革)家族 여성 성장盛裝 위요圍腰: 허리띠장식.
수집지: 구이저우성 첸둥난주黔東南州 충안장현重安江縣.

이 위요의 「낙서」 부호는 식별하기가 비교적 어렵습니다. 그러나 이미 팔각 별무늬 「낙서」 부호를 본 적이 있는 사람은 아주 쉽게 구별할 수 있을 겁니다. 제가 네모로 테두리를 친 곳에서 여러분이 만약 검은색 사다리꼴 맞은편에 또 다른 사다리꼴이 있다고 상상할 수 있으면 「낙서」 부호를 쉽게 찾아낼 수 있습니다. 먀오족 도안은 흔히 여러 모양으로 중첩되어 있어서 우리가 찾는 주제의 형상이 흔히 변형된 형태로 숨어 있을 수 있습니다. 여러분은 이 부문의 식별 능력을 꾸준히 훈련해야 합니다.

26 먀오족 포대기부분. 수집지: 구이저우성 룽장현榕江縣 샤장향下江鄉.

28 먀오족 여성 의복 소매 장식. 수집지: 구이저우성 카이리시凱里市 웡샹향翁項鄉.

이 먀오족 복식 도안들은 대부분 「낙서」 부호의 변체變體입니다. 이 소형 「낙서」 부호는 매우 엄정하고, 다양한 종류와 회색 빛깔의 조합도 매우 정교합니다. 이 옷을 제작하고 관리한 사람의 품위와 전통을 엿볼 수 있습니다.

29 흑먀오족黑苗族 포대기 부분.
수집지: 구이저우성 리핑현黎平縣

30 먀오족 여성 두건帽巾. 수집지: 구이저우성 리핑현.

31 먀오족 여성 두건. 수집지: 구이저우성 리핑현.

32 먀오족 여성 두건. 수집지: 구이저우성 리핑현.

33 먀오족 여성 두건. 수집지: 구이저우성 리핑현.

34 먀오족 여성 두건頭巾. 수집지: 구이저우성 리핑현.

35 먀오족 여성 두건. 수집지: 구이저우성 리핑현.

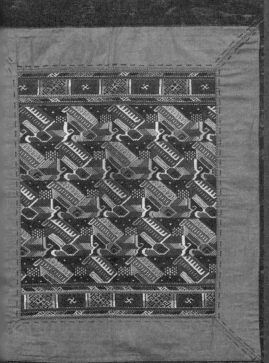

36 먀오족 여성 두건. 수집지: 구이저우성 리핑현.

37 먀오족 여성 두건. 수집지: 구이저우성 리핑현.

38 먀오족 여성 의복 소매 장식.
수집지: 구이저우성 리핑현.

39 먀오족 여성 의복 소매 장식.
수집지: 구이저우성 리핑현.

40 먀오족 여성 의복 소매 장식.
수집지: 구이저우성 리핑현.

41 먀오족 여성 의복 소매 장식.
수집지: 구이저우성 리핑현.

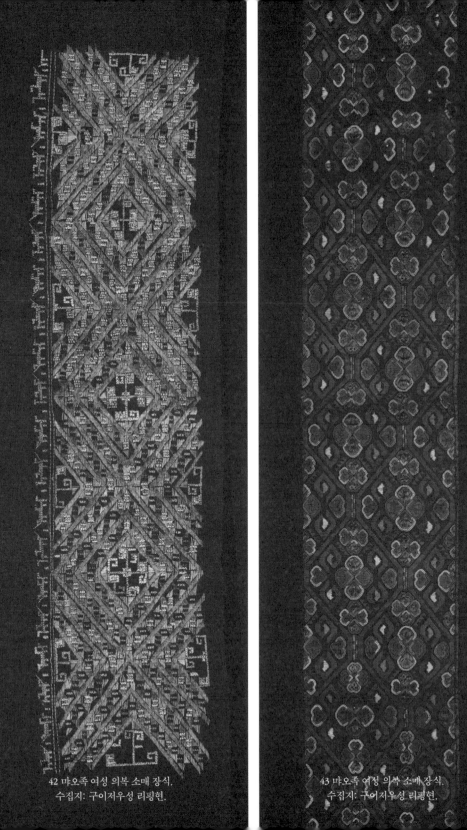

42 먀오족 여성 의복 소매 장식.
수집지: 구이저우성 리핑현.

43 먀오족 여정 의복 소매장식.
수집지: 구어저우성 리평현.

44 먀오족 여성 의복소매 장식.
　수집지: 구이저우성 리핑현.

45 먀오족 여성 의복 소매 장식.
　수집지: 구이저우성 리핑현.

46 먀오족 여성 의복 옷깃 장식. 수집지: 구이저우성 스둥향施洞鄉.

47 먀오족 여성 의복 옷깃 장식. 수집지: 구이저우성 스둥향.

48 먀오족 포대기 머리덮개. 수집지: 후난성湖南省 퉁다오현通道縣.

「하 도 河圖」

여러분이 배우는 필수과목에 도상학圖像學이 들어 있는지 모르겠네요? 없으면 스스로 선택해서 한번 공부해보시기 바랍니다. 많은 도움이 됩니다. 도상학은 조형예술 천재들의 천재성 유지 기간을 연장해줄 수 있습니다. 천재들은 항상 다른 사람이나 자신에 의해 망가져서 천재성을 일찍 잃고 말죠. 또 도상학은 범재凡才를 범재로 보이지 않게 해줄 수도 있습니다. 저는 이 강의에서 도상학을 응용하고 있습니다. 여러분이 문자 기록에 대한 독해 훈련을 받은 적이 없더라도 도상들 사이의 관계를 읽어낼 수 있게 하기 위해서죠. 그러나 문자 기록을 풍부하게 공부한 학자들은 이 도상학을 소홀히 하기 때문에 결과적으로는 자신의 학문 발전을 저해하고 있습니다.

저는 「낙서」에 대한 강의를 통해 도상에 대한 여러분의 사유에 틀림없이 많은 도움을 드렸을 거라고 믿습니다. 만약 이와 같다면 이제 비교적 즐겁고 신속하게 「하도」의 내용으로 들어갈 수 있습니다.

강의를 시작할 때 「하도」에 관한 문제를 언급한 적이 있습니다. 또 원나라 때 출현했다는 그 그림, 즉 채계통이 감춰됐다는 「천지자연 하도」(그림5)를 봤습니다. 물론 우리는 「낙서」를 증명하는 과정에서 주희의 『주역본의』에 실린 그림 두 장(그림1, 그림2)을 알게 되었죠. 그러나 도형으로 보면 기실 그 그림 두 장은 모두 「낙서」의 거북을 숫자화한 것입니다. 단지 주희가 억지로 「하도」와 「낙서」로 해석했을 뿐입니다. 그래서 저는 주자의 교우 관계가 신중하지 못했다고 말했 습니다.

「천지자연하도」는 나중에 음양도로 변화했습니다. 게다가 지금은 음양에 관한 화제가 범람하고 있어서, 우리가 음양에 대한 이야기를 하지 않으면 중국 문화를 알지 못하고 그럼 중국인이 아닌 것 같은 느낌이 들 정도입니다. 도상의 역량을 정말 작게 봐서는 안 됩니다. 또 음양도는 정말 더 이상 말할 것이 없을 정도로 완벽한 모습을 하 고 있죠. 그래서 우리는 이족의 그 원시적인 그림으로 되돌아가기가 참 어렵습니다.

이족의 이 그림(그림6, 27쪽 하단)은 뱀의 머리가 중앙을 향하고 있 고, 뱀의 머리에 작은 점 또는 작은 동그라미가 그려져 있죠. 이것은 뱀의 눈일까요? 아니면 하나의 부호로 간주해야 할까요? 뱀의 형체 가 이 점을 기점으로 연장되면서 나선형으로 퍼져나가고 있습니다. 우리는 강의 첫 시간에 채도의 나선형 무늬에 대해 이야기를 나눈 적이 있습니다. 그것이 이 도형과 관계가 있을까요?

도상의 논리 관계는 바로 이 사례와 유사합니다. 처음에는 인과 관계를 확정하기가 어렵습니다. 어느 것이 먼저 나온 것인지 어느 것이 뒤에 나온 것인지 확정하기가 어렵죠. 특히 문명사에 나오는 추상적인 도형이 자연에서 벗어난 모습으로 최초로 등장할 때 더더욱 그렇죠. 그래서 이 이족의 그림 안에 있는 뱀도 아마 잘못 그려졌을 가능성이 있습니다. 또 뱀 머리에 있는 눈도 그 잘못이 계속된 것이라고 말할 수 있죠. 잘못과 잘못이 끝없이 이어지다가 결국 '진짜'로 인식된 것입니다.

만약 우리가 이 한 점과 이 한 점에서 출발한 나선형 모양을 이 구도의 원형原型으로 삼는다면 이것은 자연의 모습이 아니죠. 이런 그림이 오직 이족에게만 나타날까요? 아닙니다. 다음 쪽의 구이저우 먀오족 자수 도형(그림49)을 보시죠. 너무나 놀랍습니다. 이 도형은 원형이라는 측면에서 보면 이족의 도형과 구조가 동일합니다. 다만 형상이 좀 구체적일 뿐이고 또 공예의 완성도가 높습니다. 제가 말하는 것은 절대 민간 공예 미술의 개념이 아닙니다.

이 전체 도형의 기하학 중심점을 주의해서 보시죠. 아주 작게 '米' 자 모양을 하고 있습니다. 앞에서 「낙서」를 강의할 때 우리는 이미 이 '米'자 모양이 구궁도九宮圖라는 사실을 알았습니다. 즉 여덟 방향과 중앙을 표시하는 도형이죠. 우리가 만약 중앙의 '米'자 모양을 하나의 점으로 삼고 거기에 '뱀' 모양으로 구성된 바깥 나선형을 덧붙이면 이 먀오족 도형이 제가 방금 말씀드린 구도 즉 이 한 점과 이 한 점에서 출발한 나선형 모양이 이 구도의 원형原型을 이루고 있음을 알 수 있습니다. 다시 앞으로 돌아가보면 이족의 뱀 모양 도형 중앙에 있는 점은 눈이 아니라 중앙을 표시하는 부호로 봐야 합니다. 그 점이 눈이 아니라면 바깥 나선형은 과연 뱀일까요?

자 그럼 다음 쪽의 상나라 말기 청동반靑銅盤(그림50)을 볼까요. 여기에서 기하학 중심점은 마름모꼴입니다. 이 마름모꼴은 용무늬의 이마에 새겨져 있고 그 마름모꼴에서 바깥으로 나선형 모양이 소용돌이처럼 전개되고 있습니다.

이와 비슷한 청동반 도안으로 거북 모양도 있습니다. 그러나 제가 제공하는 사진으로는 거북의 머리만 관찰할 수 있습니다.(108쪽 그림101) 그러나 제가 간단하게 거북 머리라고 하지 않는 것은 오해를 피하기 위해서입니다. 그래서 저는 다시 다른 청동반의 탁본을 찾아서 분명하게 살펴볼 수 있도록 했습니다.(108쪽 그림99) 거북의 의미에 대해서는 앞에서 「낙서」를 공부할 때 이미 분명하게 인식했습니다. 그것은 바로 구궁도의 방위와 중앙을 의미하는 것이었죠.

하도河圖

49 먀오족 구창의 鼓藏衣¹⁸ 부분. 수집지: 구이저우성 룽장현 핑룽향平榕鄉.

위는 먀오족 구창의 위에 그려진 부분 장식이고, 오른쪽은 상나라 청동반을 위에서 내려다본 모양입니다. 위 중앙에는 아주 작게 '米'자형 부호가 그려져 있습니다. 우리는 이미 이것이 사면팔방四面八方과 중앙을 표시하는 구궁이란 사실을 알고 있죠. 이것은 또한 「낙서」이기도 합니다. 米자 모양은 도안의 기하학 정중앙에 자리 잡고 있죠. 오른쪽 사진의 용 이마에는 마름모꼴이 새겨져 있고 이것도 청동반의 기하학 정중앙에 자리 잡고 있습니다. 이 마름모꼴을 단단히 기억해야 합니다. 이후 강의에서 계속 이 도형을 만나게 될 겁니다.

50 반룡문반蟠龍紋盤. 상나라 말기. 허난성 안양시 출토로 알려짐. 미국 프리어갤러리 소장.

청동반 가장자리에는 주작朱雀, 백호白虎, 물고기 그림이 한 조組가 되어 연속해서 이어지고 있습니다. 거기에 청동반 속의 청룡을 보태면 바로 동서남북 네 방향을 표시하는 별자리가 되고 그것은 온 하늘의 28수宿를 포괄합니다. 우리는 이미 동쪽은 청룡, 서쪽은 백호, 남쪽은 주작이 그 방향을 대표한다는 사실을 알고 있습니다. 따라서 남은 것은 물고기이므로 물고기가 북방을 대표한다는 사실은 의심할 수 없습니다. 따라서 채도 시기로 거슬러 올라가면 물고기가 북방을 대표한다는 사실이 고려 대상이 되어야 합니다. 그러나 우리가 알고 있는 북현무北玄武는 거북과 뱀 혹은 단순히 거북인데, 이들 동물이 북방을 대표하게 된 것은 상당히 늦은 시기의 일입니다. 아마도 전국시대에서 한나라에 이르는 시기일 겁니다. 최소한 서주西周 시기에는 물고기가 북방을 대표하는 동물이었습니다. 『장자莊子』「소요유逍遙游」에는 "북쪽 바다에 물고기가 있으니, 그 이름이 곤鯤이다"라는 구절이 있습니다. 이 구절을 보면 전국시대에도 여전히 물고기가 북방을 대표했음을 알 수 있습니다. 그러나 중요한 것은 동서남북 네 방향을 대표하는 하늘의 별자리로 추측해볼 때 청룡의 이마 즉 전체 청동반의 기하학 중심에 자리 잡고 있는 그 마름모꼴은 틀림없이 북극성일 거라는 사실입니다. 따라서 이 청동반이 의미하는 것은 동서남북 네 방향을 대표하는 하늘의 별자리가 천상의 모든 별자리를 대표하고 그것들이 북극성을 둘러싸고 회전한다는 사실입니다. 이 마름모를 잘 기억해야 합니다. 이어지는 강의에서 이 천극天極 부호를 다시 만날 수 있을 겁니다. 이족의 그 도형으로 다시 돌아가볼까요. 역시 똑같은 의미로 봐야 합니다. 하늘이 천극 즉 북극성을 둘러싸고 회전 운동을 하는 것이죠. 그렇다면 또 원나라와 명나라 무렵에 형성된 음양도가 대칭형으로 변하여 흑백 두 부분으로 나뉘고 결과적으로 흑과 백 두 머리에 두 개의 점을 찍은 것은 오류란 사실을 알 수 있습니다. 정확하게는 한 점만 찍어야 합니다.

51 먀오족 구창의 정면.
수집지: 구이저우성 룽장현 핑룽향 가오냐오촌高鳥村.

52 먀오족 구창의 뒷면.
수집지: 구이저우성 룽장현 핑룽향 가오냐오촌.

53 반룡문반. 은허殷墟 중기. 타이베이臺北 고궁박물원 소장.

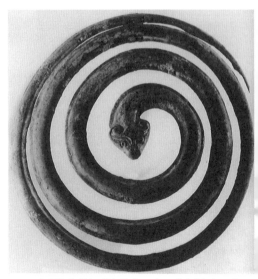

54 반룡형 장식물. 서주 중기. 프랑스 기메미술관 소장.

55 반룡문반. 상나라 중기. 허난성 안양시 출토로 알려짐.
일본 하쿠쓰루미술관白鶴美術館 소장.

56 용어문반龍魚紋盤. 상나라 말기.
허난성 안양시 샤오툰촌小屯村 18호묘. 1977년 출토.
중국사회과학원 고고연구소 소장.

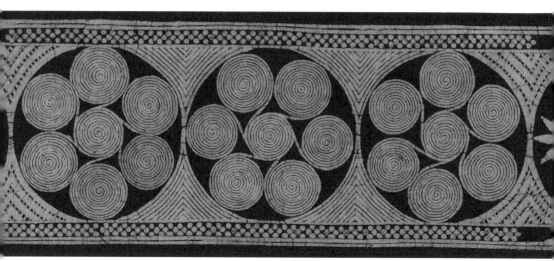

57 부이족布依族 여성 의복 소매 장식. 수집지: 구이저우성 첸시난주黔西南州 전닝현鎭寧縣.

58 먀오족 구장의 부분. 수집지: 구이저우성 룽장현 핑룽향.

59 먀오족 구창의 정면.
수집지: 구이저우성 룽장현 핑룽향.

60 먀오족 구창의 뒷면.
수집지: 구이저우성 룽장현 핑룽향.

61 먀오족 구창의 배두렁이肚兜.
수집지: 구이저우성 룽장현 핑룽향 가오냐오촌.

62 먀오족 구창의 배두렁이.
수집지: 구이저우성 룽장현 핑룽향 가오냐오촌.

63 청룡이 은하에 나타난 사진. 촬영자 : 인판尹攀

앞에서 옥판을 이야기할 때 청룡이라는 별자리 모양을 정리한 적이 있죠? 이제 진짜로 하늘을 한번 살펴볼까요. 이 사진은 어메이산峨嵋山 정상에서 초광각렌즈 즉 속칭 어안렌즈fish-eye lens로 촬영한 청룡 7수宿의 모습입니다. 이 사진에는 청룡의 전체 모습과 은하의 관계가 잘 드러나 있습니다. 청룡이 은하에서 뛰어오르는 모습인데 꼬리 부분의 기수箕宿와 미수尾宿는 아직 은하 속에 잠겨 있죠. 그렇습니다. 이것이 바로 "하수에서 그림이 나오는河出圖" 모습입니다. 이때 '하河'는 은하입니다. 하한河漢이라고도 하죠. 실망하셨죠. '하河'는 황허黃河가 아닙니다.

앞에서 펑스 선생이 「낙서」를 증명한 것처럼 「하도」와 은하의 관계도 펑스 선생이 증명했습니다.

다시 구이저우 먀오족의 자수 도형으로 돌아가볼까요. 이 도형들은 「하도」와 「낙서」를 동시에 보존하고 있습니다. 그러나 제가 알고 있는 청동기 문양 속에서는 「하도」 도형만 찾을 수 있고 「낙서」 부호는 찾아보기가 어렵습니다. 따라서 먀오족의 도형은 상나라보다 이른 시기인 신석기시대 전통을 직접 계승한 것이 아닐까요? 우리가 알아야 할 것은 구이저우라는 곳이 '사흘 맑은 날이 없고, 세자尺 평평한 산이 없는天無三日晴, 山無三尺平' 곳으로 하늘의 별자리를 관찰하기에는 지극히 불리한 곳이라는 사실입니다. 이것은 먀오족이 상고시대 부호를 보존해온 전통이 상상을 초월할 정도로 완강했음을 의미합니다. 먀오족 문화는 현재 다른 곳에는 거의 남아 있지 않은 활화석입니다.

아래의 도안에서 우리는 동청룡, 남주작과 「하도」 천극天極의 풍부한 조합과 변화 모습을 살펴볼 수 있습니다.

64 먀오족 여성 의복 소매 장식. 수집지: 구이저우성 레이산현雷山縣.

65 먀오족 여성 의복 소매 장식. 수집지: 구이저우성 레이산현.

66 먀오족 여성 의복 소매 장식. 수집지: 구이저우성 레이산현.

67 먀오족 여성 의복 소매 장식. 수집지: 구이저우성 레이산현.

68 먀오족 여성 의복 소매 장식. 수집지: 구이저우성 타이장현台江縣 타이궁진台拱鎭.

69 먀오족 여성 의복 소매 장식. 수집지: 구이저우성 타이장현 타이궁진.

70 먀오족 여성 의복 소매 장식. 수집지: 구이저우성 타이장현 타이궁진.

71 량주문화 흑도반黑陶盤에 새겨진 부호.
상하이上海 민항구閔行區 마차오馬橋 유지 출토.
왼쪽으로 감아 도는 나선형과 중심에 있는 별무늬에 주의하세요.

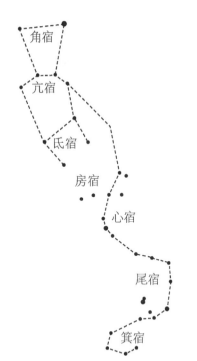

73 갑골문 용. 펑스의 『중국 천문고고학』,
416쪽에서 재인용

74 금문 용. 펑스의 『중국 천문고고학』,
416쪽에서 재인용

角宿

亢宿

氐宿

房宿

心宿

尾宿

箕宿

72 청룡을 구성하는 7수.
펑스의 『중국 천문고고학』, 416쪽에서 재인용

우리는 「하도」가 북극성을 둘러싸고 회전하는 별 모양을 표현한 것이고, 또 그것은 바로 동방의 청룡 7수와 은하의 관계를 표현한 것이란 사실도 알았습니다. 이로써 또 『주역周易』「건괘乾卦」 효사爻辭 가 무엇을 말하는지도 분명하게 알 수 있게 되었습니다. 『주역』에서 는 천天을 건乾으로 규정합니다. 건괘를 보실까요.

초구는 잠긴 용이니 쓰지 말라初九, 潛龍, 勿用.

이것은 청룡 7수가 아직 일전日躔의 상태에 처해 있음을 나타내는 말입니다. 일전은 바로 태양과 같이 뜨고 태양과 같이 지므로 눈으로 관찰할 수 없는 상태를 가리킵니다. 그래서 '잠潛'이라고 했죠. 한나라 때 나온 『설문해자說文解字』 용부龍部에서는 용을 해석하면서 "용은 춘분에 하늘로 오르고, 추분에 연못에 잠긴다春分而登天, 秋分而潛淵"라고 했어요. 따라서 이 괘상은 추분 무렵 청룡 7수의 상태를 표현한 것입니다.

75 불꽃무늬 도준陶尊 부분.
다원커우문화. 중국국가박물관 소장.

76 먀오족 여성 의복 소매 장식 부분.
수집지: 구이저우성 레이산현.

청룡 7수 중에서 가장 중요한 부분이 바로 심수心宿인데 대화大火로도 불리고 세 개의 별로 구성되어 있습니다. 그 부호는 세 개의 불씨가 중심이 되는 불꽃 모양입니다. 상나라 반룡문반에 새겨진 반룡蟠龍의 몸을 보면 머리에서 꼬리까지 마름모꼴이 이어져 있고 용의 이마에도 작은 마름모가 있습니다. 이것은 북극성입니다. 이 관계에 근거하여 우리는 이 저명한 불꽃무늬 도준이 심수와 북극성의 관계를 나타낸다고 판단할 수 있습니다. 그것은 구름과 태양의 관계를 나타낸 게 아니에요. 왜냐하면 북극성 부호는 원형으로도 표시하기 때문이죠. 먀오족 자수에 보이는 용의 몸에는 항상 커다란 둥근 꽃무늬가 세 개씩 나타납니다. 이것도 심수 3성의 표현입니다. 이것은 마치 고대 이집트의 농경 문명이 천랑성天狼星(시리우스)을 숭배한 것과 같죠. 청룡의 심수도 중국의 농경 문명이 가장 중요시한 농사 시간의 표지입니다.[19]

77 반룡문반蟠龍紋盤 부분. 상나라.
폴리예술박물관保利藝術博物館 소장.

78 반룡문반 부분. 은허 중기.
타이베이 고궁박물원 소장.

낙
서
하
도

구이는 나타난 용이 밭에 있으니 대인을 봄이 이롭다九二. 見龍在
田, 利見大人.

『사기정의史記正義』 「봉선서封禪書」에는 다음과 같이 『한구의漢舊儀』
를 인용하고 있습니다. "청룡 별자리의 오른쪽 뿔이 천전天田이 된다
龍星右角爲天田."

   즉 청룡의 각수角宿 부분과 천전성天田星이 모두 동쪽 지평선에 나
타남을 의미합니다.

   구사는 혹 도약하여 연못에 있으면 허물이 없으리라九四. 或躍在
淵, 無咎.

청룡이 지평선에 모두 몸을 드러내면서 연못에서 뛰어나오는 모습입니다.

구오는 나는 용이 하늘에 있으므로 대인을 봄이 이롭다九五, 飛龍在天, 利見大人.

용이 전부 모습을 드러냈습니다.

상구는 항룡亢龍이라 후회가 있으리라上九, 亢龍, 有悔.

청룡의 모습이 남쪽 하늘 정 중앙에 있는 모습이죠.

용구는 뭇 용을 보되 머리가 없으니 길하다用九, 見群龍無首, 吉.

청룡의 머리를 구성하는 각수角宿, 항수亢宿, 저수氐宿가 태양 부근에 위치하여 관찰할 수 없음을 의미합니다.

『주역』「단전彖傳」에는 "이때 여섯 용을 타고 하늘 위를 날아오른다時乘六龍以御天"라고 했습니다. 여섯 용은 바로 각수, 항수, 저수, 방수房宿, 심수입니다. 펑스 선생의 고증에 따르면 기수가 후대에 청룡에 첨가되어 7수가 되었다고 합니다. 각수는 28수의 시작 별자리입니다. 그것은 바로 반룡문반 청동기에서 청룡의 머리에 볼링공 모양의 뿔로 새겨져 있습니다.

적지 않은 중국 먀오학 학자들이 먀오족의 옛 노래를 연구한 결과 먀오족의 선조는 중국 동남 지역에 거주한 치우 씨족연맹 사람들인데, 황제가 치우를 패배시키자 치우 집단의 일부가 마지막에 중국 서남쪽으로 이주했다고 합니다.

먀오족의 자수 원형을 근거로 말씀드리면 이 동청룡 도안 이외에 남주작 도안도 있습니다. 이것은 틀림없이 먀오족의 먼 조상이 발원한 곳을 암시하겠죠. 그러나 신석기시대에 이미 정형화된 옥벽玉璧은 나타나지 않고 있어요. 다시 링자탄에서 발굴된 그 옥판으로 돌아가볼까요. 「낙서」 부호 바깥의 두 동심원이 옥벽 모양을 하고 있죠. 소위 옥벽으로 하늘에 예禮를 올리는 것은 북극성에 예를 올리는 것으로 봐야 합니다. 중앙의 둥근 구멍을 북극성에 맞춰놓고 무당들은 그 방향을 향해 제천祭天 의식을 거행합니다. 출토된 옥벽에는 늘 직물로 묶은 흔적이 발견됩니다. 그것이 하늘에 제례를 올릴 때, 최소한 네 방향을 나타내는 색실로 옥벽을 묶고, 그것으로 북극성을 조준한 것은 아닐까요? 만약 그렇다면 상고시대 제사 활동 때 무당 집단 속에 분업이 존재했던 걸까요? 좀 더 진전된 추측을 해볼 수도 있을 것 같습니다.

이러한 분업은 부족 연맹 속에서 상이한 씨족이 제사에 참여할 때 상이한 자격을 갖고 있었음을 암시하는 걸까요?

먀오족의 먼 조상에 속하는 무당은 천극, 동청룡, 남주작에게 올리는 제사만 책임졌을까요?

치우 연맹이 황제 연맹에게 패배한 후 옥벽을 관장하던 무당들은 대규모 무당 집단이 흩어짐에 따라 함께 사라져버린 걸까요? 아니면 투항하여 승자 집단의 연맹으로 융화되어 갔을까요?

이상의 문제는 거짓 문제일 가능성이 매우 큽니다.

저는 앞서 신석기시대 채도에 관한 강의를 한 적이 있습니다. 여러분! 아직 기억하십니까? 우리는 많은 채도 사진을 보면서 두 가지 기본형이 있다고 결론을 내렸죠. 그 한 가지는 회전무늬였고, 다른 한 가지는 진동무늬였습니다. 이 두 가지 기본형은 지금까지도 여전히 도안 설계의 기본 요소로 기능합니다. 저는 지금 환상에 대해 말씀드리고자 합니다. 대마大麻(삼)는 분명히 환각을 일으키는 식물입니다. 환각의 영향하에서 회전무늬는 상승과 하강의 환시幻視를 불러오고, 진동무늬는 리드미컬한 환청幻聽을 불러오죠. 윈난성의 깊은 밀림 속에서는 독사와 맹수가 사방에서 사람의 목숨을 노렸을 겁니다. 그런 환경에서는 오직 환각 속에서만 공포에서 벗어날 수 있고 모든 것이 평화로워집니다. 어떤 사상에 의지하는 건 아무 소용도 없었을 겁니다. 더욱 중요한 것은 오직 환시와 환청 속에서 옛날부터 전해오는 노래를 부르고 폐부로부터 우러나오는 기도를 올림으로써 한 마을의 작은 씨족이 하늘로 상승할 수 있고, 여러 신, 조상들과 함께 즐겁게 하나 될 수 있었다는 점이죠. 환시 속에서는 모든 것이 움직입니다. 그리고 수많은 형상이 빛을 발하는 물체로 변화합니다. 100년 전 인류는 물리와 화학의 발견에 힘입어 영화를 발명했고, 이를 통해 각종 경물과 남녀 인간이 광채를 발할 수 있게 했습니다. 그리고 인류의 각 원시민족은 1만 년[20]을 단위로 줄곧 환각 속에서 판타지 영화에 참여하고 있죠.

『시경詩經』에 실려 있는 여러 시편도 이런 정경을 보여줍니다. 이런 정경에 참여해보지 않은 후세인들은 『시경』의 어떤 시를 읽을 때 무미건조함을 느낄 수 있습니다. 예를 들면 아주 단순한 「종사螽斯」[21]가 그런 경우인데요. 그러나 이 시도 나뉜 단락에 따라 반복해 노래하면서 쉬지 않고 춤을 추면 점점 광란의 상태로 진입하게 됩니다. 사람들의 두뇌에서 모르핀 분비가 시작되기 때문이죠. 한번은 공자와 제자들이 섣달제사臘祭에 참여했을 때 거리에서 광란의 축제가 벌어졌죠. 사람들이 모두 미쳐 날뛰니까 자공子貢이 보다 못해 공자에게 이건 너무 꼴사나운 상황이고 예의에도 맞지 않는 경우가 아닙니까라고 물었어요.[22] 그러자 공자는 사람들이 1년 동안 고생스럽게 일을 한 후 며칠간 마음 놓고 노는 것이니 심하게 탓하지는 말라고 했죠. 굴원屈原(기원전 340~기원전 278)과 송옥宋玉(기원전 298?~기원전 222?)이 지은 「초사楚辭」에는 더욱 이런 상황이 많이 담겨 있습니다. 왜냐하면 그들은 초나라 사람들이니까요.[23]

우리는 동청룡과 은하의 관계 그리고 그것이 천문에서 북극성과 맺고 있는 관계를 알게 되었습니다. 또 청룡 7수에서 심수에 내포된 중요한 의미도 알게 되었습니다. 따라서 이 별들에게 제사를 올린다면 별들의 의미를 숭배하는 씨족이나 씨족 연맹이 광적인 상태로 진입하지 않을 수 있겠습니까?

이제 이전에 봤던 채도를 다시 보기로 하죠. 별자리가 회전한다는 개념이 생겼기 때문에 채도 속의 회전무늬가 환각 속에서 움직인다는 사실을 분명하게 알 수 있다면 우리는 우리의 의식이 줄곧 상승함을 느낄 수 있을 것입니다. 그렇게 상승하여 채도 속의 원이

79 현문쌍이고경병弦紋雙耳高頸瓶. 간쑤성甘肅省 출토. | 80 원점선문호圓點旋紋壺. 간쑤성 출토. | 81 음선선문쌍이호陰線旋紋雙耳壺. 간쑤성 출토. | 82 수호문쌍이관垂弧紋雙耳罐. 간쑤성 출토. | 83 흑백내채선와문두黑白內彩旋渦紋豆. 간쑤성 출토. | 84 와문쌍복이옹渦紋雙腹耳甕. 간쑤성 출토. | 85 사거치대문고저이관斜鋸齒帶紋高低耳罐. 간쑤성 출토. | 86 와문쌍견이관渦紋雙肩耳罐. 간쑤성 출토. | 87 4대권'만'형문호四大圈'卍'形紋壺. | 88 내채심곡복분內彩深曲腹盆. 간쑤성 출토. | 89 망선원점파랑문병網線圓點波浪紋瓶. 간쑤성 출토. | 90 4대선와문호四大旋渦紋壺. 간쑤성 출토. | 91 선와문첨저병旋渦紋尖底瓶. 간쑤성 출토.

나 검은 구멍 속에까지 닿을 것이고, 또 신석기시대 동아시아 인류가 숭배한 곳에까지 닿을 것입니다. 그곳이 북극성일까요? 다른 어떤 별자리일까요? 결국 신은 그곳에 있을 것이고, 조상님들도 그곳에 있을 것입니다.

채도에 그려진 무늬는 절대로 선사시대 인류가 물결이나 구름 모양을 모방한 것이 아닙니다. 그것은 사실적 예술 개념의 발로이거나 이른바 추상적 예술 개념의 발로입니다. 그런 무늬들은 운동 판타지 幻像를 만들어내기 때문에 혹자는 판타지 예술이라고 부르기도 하죠. 그것들은 선사시대의 판타지 영사기입니다. 예술은 판타지幻像에서 기원합니다.

제 기억으로는 아마 1976년이었을 겁니다. 문화대혁명이 끝나자 윈난성 각 소수민족의 전통 명절이 부활했어요. 포수이제潑水節[24]도 그중 하나이고, 훠바제火把節[25]도 그중 하나이며, 또 루성제蘆笙節[26] 등 이 밖에도 아주 많습니다. 그들의 군무는 한 사람에서 한 사람으로 이어지며 커다란 회전무늬를 만듭니다. 「하도」와 아주 유사하죠. 기실 명절이란 바로 제사 기간인데, 이 기간에 고생스럽게 찌든 그들의 얼굴에 빛이 나기 시작합니다.

여러분! 청동기 제사 미술에 관한 장광즈 선생의 글을 찾아서 진지하게 읽어보시기 바랍니다. 장 선생은 근엄한 인류학자입니다. 저처럼 얼렁뚱땅 넘어가지 않습니다.

천극 天極

우리는 초등학교 시절부터 태양계가 은하계에 속한 항성계이고, 지구는 태양 주위를 돌고, 달은 지구 주위를 돈다는 사실을 잘 알고 있습니다. 지구가 태양 주위를 공전할 때는 시종일관 하나의 자전 경사각을 유지합니다. 이 때문에 지구는 공전 궤도의 어떤 위치에 있더라도 그 자전축自轉軸은 언제나 하늘 위 하나의 구역을 가리키게 됩니다. 자전축의 북극 즉 진북이 가리키는 별을 북극성이라고 부릅니다. 자전축의 남극 즉 진남이 가리키는 별은 무엇일까요? 미안하게도 남극성이란 별은 없습니다. 기실 없는 것은 아니지만 그 지점에 있는 별이 너무나 희미하여 육안으로는 식별할 수 없기 때문입니다. 옛사람들 입장에서는 보이지 않는 것은 없는 것이죠. 옛사람들은 간단한 관측 도구를 통해 모든 별이 움직이지 않는 하나의 별을 중심으로 돌고 있다는 사실을 확정했습니다. 그것이 바로 유일함—이었죠.

옛사람들은 북극성이 있는 그곳을 천극이라고 인식했어요. 즉 하늘은 하나의 덮개처럼 땅을 덮고 있고, 천극이 있는 곳은 더 위로 뾰족하게 치솟아 있으며, 그 하늘 덮개天蓋는 사방의 가장자리에 세워진 기둥에 의해 지탱되고 있다는 것입니다.

중국 고대의 천체 모습은 천극 즉 북극성이 별자리 체계의 정중앙에 위치해 있습니다. 고대 서구는 태양을 중심으로 삼았어요. 똑같은 하늘 덮개 학설天蓋說이라 해도 동양과 서양은 엄연한 차이를 보이죠. 이런 입장에 근거하여 저는 선사시대 동아시아에 태양 숭배가 없었고, 오직 북극성 숭배 즉 천극 숭배만 있었다고 생각합니다. 태양 숭배는 한나라 때 시작되었음이 분명합니다.

근래에 범람한 별자리운세는 태양 숭배 체계에서 왔죠. 여러분은 많든 적든 이런 체계에 최면이 되어 자신과 다른 사람을 판단하고 있습니다. 그러나 중국의 전통 운세는 자미두수紫薇斗數를 씁니다. 자미가 무엇일까요? 자미가 바로 북극성 즉 천극이죠. 중국 고대인들은 태일太一이 신이라고 인식했어요. 『사기』「봉선서」에는 "천신 중에서 고귀한 분이 태일이다天神貴者太一"라고 기록되어 있죠. 『사기색은史記索隱』에서는 이 대목에 각주를 달아서 "천일, 태일은 북극신의 별명이다天一, 太一, 北極神之別名"라고 했습니다. 또 『사기』「천관서天官書」에서는 또 "중궁은 천극성으로 유일하게 밝은 별이며 태일이 항상 거주하는 곳이다中宮天極星, 其一明者, 太一常居也"라고 했어요. 그래서 옛사람들은 천극신이 항상 천극에 거주한다고 인식했죠. 그 후에, 틀림없이 또 북극성을 중심으로 하늘에 구역을 만들어 그 가장자리에 자미원紫薇垣을 둘러치고 그 안쪽의 별을 모두 문무 관리로 삼았어요. 지금 베이징의 고궁을 자금성紫禁城이라 부르죠. 그것이 바로 북극성의 자미紫와 그 주위의 금지구역禁에서 온 명칭입니다.

북극성에서 그리 멀지 않은 곳에 유명한 북두칠성이 있습니다. 그것은 1년 동안 북극성을 한 바퀴 돕니다. 춘하추동 계절마다 북두칠성의 자루는 네 방향을 가리킵니다. 중국 고대의 천문 체계에서는 북두칠성을 천극신의 수레로 인식했어요. 천극신을 그곳에 태우고 사방을 순시한다는 거죠. 문화대혁명 때 「고개를 들어 북두성을 바라보라抬頭望見北斗星」란 노래가 있었는데 마오쩌둥 주석이 혁명의 방향을 가리킨다는 비유예요. 그렇죠. 방금 저는 북두칠성이 북극성 주위를 돌고 북두칠성의 자루가 변화의 방향을 표시한다고 말했습니다. 그래서 저는 당시에 이 노래는 북두칠성이 아니라 북극성을 칭송해야 한다고 생각했어요. 북두칠성을 칭송하니까 마오 영감님이 한동안은 동쪽을 가리키다가 또 한동안은 서쪽을 가리키면서 좀 혼란스러운 모습을 보이는 것 같았던 거죠.

북극성은 아주 찾기 쉽습니다. 먼저 북두칠성을 찾고 나서 국자 바닥의 한 변 즉 천선성天璇星(Merak)과 천추성天樞星(Dubhe)을 연결하는 직선을 다시 5배 연장한 거리에서 북극성을 찾으면 됩니다. 북극성은 2등성이어서 상당히 밝습니다. 만약 여러분이 국제 별자리에 정통하다면 북극성은 작은곰자리의 꼬리 끝에 해당하고 별이름은 'α(알파)'임을 아실 겁니다.

현대 천문학이 우리에게 알려주는 지식에 따르면 지축은 절대 고정불변하는 것이 아니고 미세하게 변화합니다. 그것이 소위 세차歲差입니다. 동시에 모든 별도 운동하고 변화할 수 있습니다. 따라서 지구 자전축 북극이 가리키는 하늘은 매년 15각초角秒의 속도로 이동하고 있습니다. 4800년 전 즉 신석기시대 말기에는 북극성이 지금의 작은곰자리 α성星이 아니라, 용자리의 α성이었는데, 중국 고대에는 그것을 우추右樞라고 불렀어요. 그러다가 1000년 무렵 즉 중국 북송北宋 초기에 이르러 지구 자전축이 가리키는 하늘이 작은곰자리 α성에서 약 6도 정도 떨어지게 됐죠. 앞으로 2100년 전후가 되면 지구 자전축이 가리키는 하늘과 작은곰자리 α성 사이의 거리가 가장 줄어들어서 겨우 28각분角分밖에 되지 않는다고 해요. 그때가 되면 작은곰자리 α성이 진정한 북극성이 되는 거죠. 저는 볼 수 없습니다. 여러분은 젊지만 좀 애매해요. 110세 이상 살 수 있도록 노력해야 합니다. 그 이후로는 지구 자전축이 가리키는 하늘이 작은곰자리 α성에서 조금씩 멀어집니다. 그래서 4000년 전후가 되면 세페우스자리 γ성이 북극성이 됩니다. 그리고 14000년 전후에는 거문고자리 α성 즉 직녀성이 북극성이 됩니다. 그때가 되어도 우리 인류가 지구상에 살아 있을까요? 아마 지구를 지키는 사람이 있겠죠. 미래의 우주이민은 살아 있는 사람을 동면시키는 방식을 쓰는 것이 아니라 DNA를 가져가는 방식을 쓸 겁니다. 여러분은 지금 자신의 줄기세포를

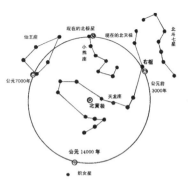

92 북극성 주기 위치도.

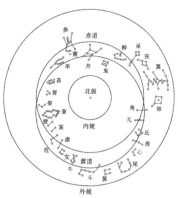

93 북극성과 중국 고대 별자리 관계도.
펑스, 『중국 천문고고학』, 437쪽에서 재인용

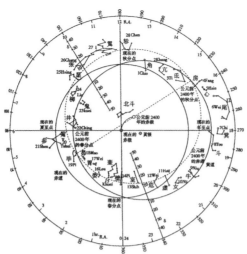

94 북극성과 춘분, 하지, 추분, 동지 관계 변화도. 펑스, 『중국 천문고고학』, 351쪽에서 재인용

냉동시켜두시기 바랍니다. 떠날 수 있을 때 바로 떠나도록 말입니다. 하지만 문화는 미래의 것이므로 가져갈 수 없습니다. 지금의 이 지랄 맞은 문화는 다른 곳으로 가져가지 마세요. 가져가면 다시 자신을 해치게 될 겁니다.

　지구의 자전축이 이와 같이 한 바퀴 돌아오는 시간은 대략 2만 6000년 정도입니다. 따라서 대체로 2만 8000년 무렵이 되면 북극성이 다시 작은곰자리 α성으로 되돌아오겠죠.

천극과 거북

1986년 저장성 판산反山에서 11기의 분묘가 발굴되었습니다. 그것은 앞에서 살펴본 천극과 관련이 있습니다. 자, 그럼 106쪽 옥종에 그려진 도안을 볼까요. 이것은 량주 문화의 전형적인 도안입니다. 커다란 두 눈 위에 우관羽冠을 쓴 사람이 두 손을 펼쳐 커다란 두 눈에 대고 있죠. 머리 위 우관 중앙에는 뾰족하게 돌출된 부분이 있습니다. 학자들은 거의 대부분 이 도안을 사람이 신수神獸를 타고 있는 모습으로 인식합니다. 펑스 선생은 이 신수가 돼지라고 인식했고 그 고증도 매우 일리가 있습니다.[27] 하지만 저는 이 신수가 거북이라고 인식합니다.(그림95) 이 짐승의 두 발톱을 보시죠. 이것은 발톱이지 발굽이 아니에요. 짐승의 갈라진 발굽은 더더욱 아닙니다. 돼지는 두 쪽으로 갈라진 발굽을 갖고 있고 거북은 여러 갈래의 발톱을 갖고 있죠. 또 둥근 눈을 보세요. 거북 눈은 매우 둥글지만 돼지 눈은 둥근 특징을 갖고 있지 않습니다. 심지어 짐승의 입 속에 그려진 선을 송곳니로 판단하기까지 했습니다. 그럼 옥종 도안의 이 부분 즉 몇 갈래 선을 관찰해볼까요? 저는 이 네 갈래 선이 송곳니가 아니라 숨결이라고 생각합니다. 다른 지방에서 출토된 량주 문화의 동일 종류 도상에는 확실히 송곳니와 비슷한 것이 있습니다. 그러나 그것도 숨결을 간략하게 표현한 것으로 봐야 합니다. 이 신수를 거북으로 인식하게 된 배경에는 거북이 당시 점복占卜에 사용되었다는 점을 고려했습니다. 즉 당시 사람들이 거북에 신령함이 깃들어 있다고 인식한 점을 감안한 것입니다. 「낙서」의 해당 부분에서 우리는 거북에 구궁九宮의 의미가 포함되어 있음을 인식했습니다. 따라서 거북은 이처럼 중요한 이기彝器에서 중임을 감당할 만한 영성靈性을 갖고 있습니다. 거북 위의 사람에 대해서는 펑스 선생의 고증이 매우 치밀합니다. 그 사람은 바로 천극신입니다. 우관 위의 뾰족한 부분은 하

95 옥종玉琮부분. M12:98. 저장성浙江省 위항현餘杭縣 창밍향長命鄉 판산反山 량주문화 유지, 1986년 출토.

96 먀오족 여성 의복 소매 장식. 수집지: 구이저우성 레이산현.

이 먀오족 자수 도안은 매우 중요합니다. 여기에 그려놓은 천극, 천극신과 거북의 관계에서 량주문화의 옥종에 그려진 도상의 의미를 해독할 수 있기 때문입니다.

늘 덮개 중앙에 흔히 표현되는 천극 도형의 정수리 모습입니다.

신수와 천극신의 조합을 이 먀오족 자수에서도 볼 수 있습니다.(그림96) 그것이 거북과 천극신의 조합이란 걸 이 자수 도안에서 아주 분명하게 관찰할 수 있죠. 작은 정자[28]와 유사한 지붕은 하늘 덮개天蓋이고, 하늘 덮개 아래에 먀오족 귀사鬼師가 인정하는 최고의 신이 있습니다. 그 신은 아주 귀엽게도 두 팔을 안으로 둥글게 굽히고 있죠. 그 자세가 옥종의 천극신과 동일합니다. 천극신 발 아래에는 거북 한 마리가 있습니다. 방금 제가 이 도형이 거북이라고 한 것은 생물학적 특징에 근거한 것입니다. 그러나 이 자수 도안의 거북을 보고는 도상학적 근거도 충분함을 확인했습니다. 그리고 또 「낙서」의 전설을 기록하고 있는 문헌과 결합해보면 3중의 증거를 갖고 있음을 알 수 있죠. 따라서 량주 문화의 옥종에 새겨진 사람과 신수

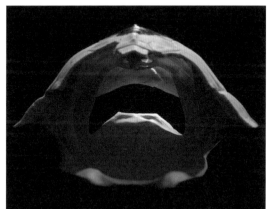

97 거북

98 귀갑龜甲 표본

이제 거북 골격의 표본을 보여드리겠습니다. 이것은 거북 꼬리 부분에서 거북 머리 방향으로 바라본 것입니다. 위쪽의 거북 등껍질背甲이 둥글게 굽어지면서 평평한 배껍질腹甲과 일체를 이루고 있죠. 따라서 귀갑의 형상은 고대인들이 상상한 천지의 모습 즉 천원지방天圓地方(하늘은 둥글고 땅은 네모꼴이다)의 모습을 하고 있습니다. 거북의 중요성은 바로 여기에 있습니다. 상나라 사람들은 거북의 배껍질로 점을 쳤죠. 그것은 첫째, 배껍질이 땅을 대표하기 때문이고, 둘째, 거북은 신령하다고 인식했기 때문입니다. 우리가 이 거북 껍질을 보면 앞발과 뒷발의 위치가 네 방향에서 위아래의 골격을 단단하게 연결하고 있음을 알 수 있습니다. 이것이 바로 천지에 대한 고대인들의 인식 근원입니다. 즉 하늘과 땅은 사방의 네 기둥으로 지탱된다는 인식이 그것이죠.

100 올빼미. 홍산紅山 문화. 전단예술박물관震旦藝術博物館 소장.

99 수면문가복반獸面紋假腹盤 바닥 장식 탁본.
상나라 말기. 장시성江西省 신간현新淦縣
다양저우大洋洲 출토.

홍산 문화에서 나타나는 올빼미의 양 발톱이 하나의 둥
근 원을 둘러싸고 있죠. 이 둥근 원이 바로 천극입니다. 이
때문에 홍산 문화 옥기에서 자주 나타나는 올빼미는 천극
의 수호자입니다.

101 여반旅盤. 상나라 말기. 허난성 안양시 출토로 전해짐. 미국 샌프란시스코 아시안 아트 뮤지엄 소장.

이 여반 위에 새겨진 거북은 동청룡을 대신하고 있습니다. 거북의 머리에는 천극을 대표하는 마름모꼴이
자리 잡고 있습니다. 그림99의 거북 중심에는 천극을 표시하는 동그라미가 그려져 있죠. 또 주위의 회전
무늬는 하늘을 일주하는 별자리입니다. 더욱 주의해야 할 것은 거북의 등에 불꽃무늬가 상하를 꿰뚫고 있
다는 점입니다. 이것은 거북과 청룡의 일체화입니다.

102 먀오족 여성 의복 소매 장식. 수집지: 구이저우성 레이산현 시장진西江鎮.
거북을 하얀 선의 사각형으로 묶어서 쉽게 해독할 수 있게 했습니다.

103 먀오족 여성 의복 소매 장식. 수집지: 구이저우성 레이산현 시장진.

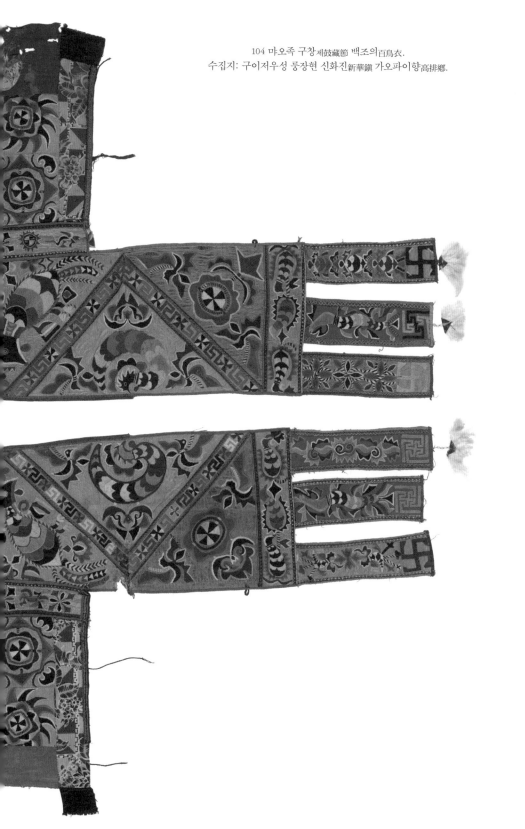

104 먀오족 구창제鼓藏節 백조의百鳥衣.
수집지: 구이저우성 룽장현 신화진新華鎭 가오파이향高排鄉.

105 옥관식玉冠飾. 87M15:38기원전 3500. 안후이성 한산현 퉁자진 링자탄, 1987년 출토.

106 옥인玉人. 98M29:16기원전 3500.
안후이성 한산현 퉁자진 링자탄, 1987년 출토.

107 여성 관상가 형상. 서주 중기. 산시성 바오지시寶鷄市 루자좡茹家莊 2호묘 출토. 바오지시박물관 소장.

108 먀오족 여성 의복 소매 장식. 수집지: 구이저우성 타이장현 파이양향排羊鄉.

는 천극신과 거북임이 증명되었습니다. 이 도상을 이렇게 구성한 의미는 하늘 덮개 중앙에 위치한 천극신과 대지의 사면팔방을 대표하면서 중앙에 자리 잡은 영귀靈龜를 하늘과 땅의 신으로 제사지내자는 것입니다.

여기에서 드러난 정보가 말해주듯 먀오족의 천극신 부호는 직접 신석기 시대의 전통에서 전해졌다고 봐야 합니다.

이 몇 장의 그림에서 저는 빨간 선으로 상이한 시기의 하늘덮개天蓋, 천극, 천극신의 형상을 연결하여 비교해볼 수 있게 했습니다. 이를 통해 도상학의 의미가 분명하게 드러나고 있습니다.

109 먀오족 포대기. 수집지: 구이저우성 첸시난주黔西南州 전펑현貞豊縣

110 주작이 은하에 나타난 사진. 촬영자 : 인판.

우리가 「하도」의 도상 부분에서 보았던 것은 천극과 청룡의 관계였죠. 네 방향을 표시하는 별자리 조합 중에서 남주작과 천극의 관계도 아주 중요한 조합입니다. 주작은 정수井宿, 귀수鬼宿, 유수柳宿, 성수星宿, 장수張宿, 익수翼宿, 진수軫宿 등 7수로 이루어집니다.

먀오족 사이에 전해오는 칠선녀七仙女[29] 전설, 특히 조상을 만나 최면 상태에 빠지는 칠선녀 전설은 남주작 일곱 별자리의 의인화임에 틀림없고 동시에 각 칠선녀의 조합이 모계시대에 형성되었음을 암시하고 있습니다. 칠선녀 이야기는 창장강 하류 지역의 민간에 더욱 널리 퍼져 있죠. 그것은 먀오족 칠선녀 이야기와 동일한 신화 유형에 속합니다. 저는 어렸을 때 늘 집에서 부추를 다듬곤 했는데 그때마다 칠선녀가 세상에 내려와 내 일을 도와주면 순식간에 부추를 다 다듬을 수 있을 텐데라고 아쉽게 생각하곤 했죠. 저의 이런 생각은 강남에 전해오는 동영董永과 칠선녀 이야기를 듣고 자랐기 때문에 생긴 관념입니다.

111 먀오족 납염蠟染 포대기. 수집지: 구이저우성 첸둥난주黔東南州 룽장현 바이베이촌擺貝村.

112 먀오족 납염 포대기. 수집지: 구이저우성 첸둥난주 룽장현 바이베이촌.

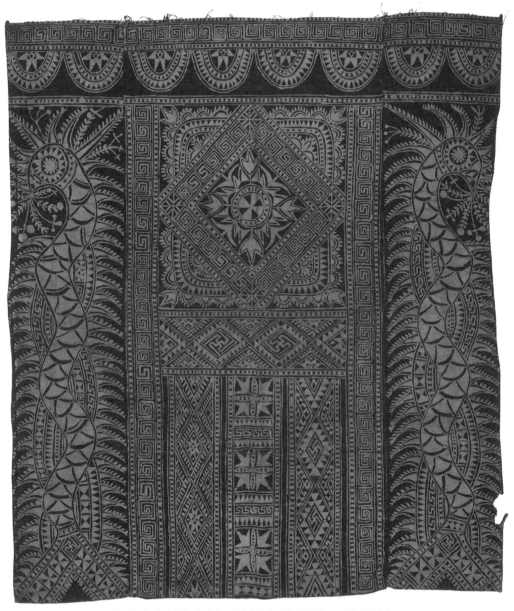

113 먀오족 납염 포대기. 수집지: 구이저우성 첸둥난주 룽장현 바이베이촌.

114 먀오족 포대기. 수집지: 구이저우성 첸시난주 전풍현.

115 먀오족 포대기. 수집지: 구이저우성 첸시난주 전풍현.

116 먀먀오족 포대기. 수집지: 구이저우성 첸둥난주 류허향六合鄕. 개인 소장.

117 먀오족 포대기. 수집지: 구이저우성 첸둥난주 류허향. 개인 소장.

천극과 나비

먀오족 자수 도형 가운데서 거북과 천극의 관계에 대해서는 우리가 앞의 강의를 통해 이미 관련 지식을 갖게 되었습니다. 그런데 먀오학 苗學에서는 아직도 나비 문제를 해결하지 못하고 있습니다. 그러나 기실 우리는 먀오족 자수 도형 가운데서 나비 부호가 바로 하늘덮개 부호라는 사실을 쉽게 간파할 수 있습니다. 다음 그림을 함께 보실까요.

118 먀오족 여성 의복 소매 장식. 수집지: 구이저우성 타이장현 파이양향.

상단 흰 선 테두리 안의 하늘덮개 형상과 오른쪽 아래 구석의 흰 선 테두리 안의 나비 더듬이를 주의해서 보시죠.

119 먀오족 여성 의복 소매 장식. 수집지: 구이저우성 타이장현 파이양향.

이 그림에서도 나비를 찾을 수 있겠습니까? 그것은 천극신의 발 아래에 있습니다.

120 먀오족 여성 의복 소매 장식. 수집지: 구이저우성 타이장현 파이양향.

여기에서는 나비를 쉽게 찾을 수 있겠죠? 나비의 커다란 질량감이 천극신 양쪽의 주작과 맞먹는다는 사실에 주의해야 합니다. 나비의 중요성을 설명하는 것이니까요.

121 먀오족 여성 의복 소매 장식. 수집지: 구이저우성 레이산현 융러향永樂鄕.

이 그림 속의 나비 부호는 천극신과 매우 근접해 있죠. 천극신은 두 손을 들고 있습니다.

122 먀오족 여성 의복 소매 장식.
수집지: 구이저우성 레이산현 융러향.

이 그림은 완전히 나비 한 마리로만 구성
되어 있고, 양 날개 안에 청룡이 들어 있
습니다. 또 하늘덮개, 천극, 십자 부호는 모
두 나비 몸 안에 들어 있습니다. 나비의 완
전한 의미가 바로 이 그림 속에 남김없이
표현되어 있습니다. 나비는 먀오족 문화
에서 어머니로 일컬어지므로 번식과 생장
의 근원임이 분명합니다. 『노자』에서 서술
하고 있는 우주관은 현빈玄牝을 숭배합니
다. 현빈은 바로 여성의 생식기입니다. "계
곡의 신은 죽지 않는다谷神不死"라는 말
이 바로 현빈을 잘 설명해주죠. 현빈의 문
은 천지의 뿌리라는 정신이 면면히 이어지
면서 써도 써도 고갈되지 않음을 나타내는
듯합니다.

123 먀오족 여성 의복 소매 장식. 수집지: 구이저우성 레이산현 융러향

이 그림 속의 나비 부호는 천극 부호의 위에 있습니다.

이제 다시 구이저우성 레이산현에서 수집한 먀오족의 다른 자수
도형을 통해 천극과 창룡 및 주작의 관계를 살펴보도록 하겠습니다.

124 먀오족 여성 의복 소매 장식. 수집지: 구이저우성 레이산현 융리향

125 먀오족 여성 의복 소매 장식. 수집지: 구이저우성 레이산현 융리향

이 그림 속에 보이는 천극의 변형은 깊이 음미해볼 만합니다. 이 자수는 하늘덮개
헝겊의 본에 따라 완성되었는데요. 이러한 공예 기술은 아주 보편적인 것입니다.

126 먀오족 여성 의복 소매 장식. 수집지: 구이저우성 레이산현 융러향

이 그림의 나비 부호는 실험적 성격이 강합니다.

127 먀오족 여성 의복 소매 장식. 수집지: 구이저우성 레이산현 융러향

아래 그림에 나오는 동그라미를 주의해보시죠. 별자리의 숫자 관
계가 들어 있습니다.

128 먀오족 여성 의복 소매 장식. 수집지: 구이지우성 레이산현 융리향

129 먀오족 여성 의복 소매 장식. 수집지: 구이저우성 레이산현 융리향

130 먀오족 여성 의복 소매 장식. 수집지: 구이저우성 레이산현 융러향

131 먀오족 여성 의복 소매 장식. 수집지: 구이저우성 레이산현 융러향

132 먀오족 여성 의복 소매 장식. 수집지: 구이저우성 레이산현 융러향

133 먀오족 여성 의복 소매 장식. 수집지: 구이저우성 레이산현 융러향

134 먀오족 여성 의복 소매 장식. 수집지: 구이저우성 레이산현 융러향

135 먀오족 여성 의복 소매 장식. 수집지: 구이저우성 레이산현 융러향

136 먀오족 여성 의복 소매 장식. 수집지: 구이저우성 레이산현 융러향

137 먀오족 여성 의복 소매 장식. 수집지: 구이저우성 레이산현 융러향

하·상·주 청동기 속의 천극

이 장에서 저는 많은 사진을 이용하여 상나라와 서주 청동기에 천극신 부호가 똑같이 존재하고 있음을 증명하겠습니다. 이전의 전통과 주류 관념에서는 오직 도철饕餮[30] 형상만이 전체 도안 속의 통치자라고 인식해왔습니다. 저는 이제 이 도안을 조형 학습에 나선 여러분께 보여드리겠습니다.

우리는 먀오족 자수 부호에 나오는 하늘덮개, 천극신, 거북, 나비, 동청룡, 남주작 사이의 관계를 이해한 후, 다음으로 신석기시대 말기 이후인 하·상·주 청동기로 들어가서 앞의 전통이 이어지고 있는지 살펴보겠습니다. 저는 마청위안馬承源 선생이 편집한 『중국 청동기 전집』에 실린 정鼎을 전부 찾아서 그 중앙 부분만 여러분께 보여드리겠습니다.

그림138의 녹송석상감수면문패綠松石鑲嵌獸面紋牌는 얼리터우二里頭 시기의 출토 유물인데 하夏나라 시대에 속합니다. 이 도형은 분명히 상나라 청동기로 계승되었습니다. 우리는 상나라 초기에서 서주 중기까지의 청동기에서 그 영향을 발견할 수 있습니다.

전체 조형으로 살펴보면 이 복잡하고 기묘한 도형은 우리가 앞에서 익숙하게 관찰했던 먀오족 문양의 천극신과 아주 유사합니다. 이것은 당시 제사 과정에서 시동尸童 역할을 하던 무당이 차던 것임에 틀림없습니다. 이걸 차고 천극신을 흉내 냈겠죠.

138 녹송석상감수면문패綠松石鑲嵌獸面紋牌.
중국사회과학원 고고연구소 소장.

139 장족 포대기. 윈난성
원산장족자치구文山壯族苗族自治區. 개인 소장.

140 장족 포대기. 윈난성 원산장족자치구.
개인 소장.

141 망격문정網格紋鼎(부분). 중국사회과학원 고고연구소 소장.

142 현문정弦紋鼎(부분). 허난성 정저우시박물관河南省鄭州市博物館 소장.

143 운문정雲紋鼎(부분). 상하이박물관上海博物館 소장.

144 수면문정獸面紋鼎(부분). 허난성 신샹시박물관新鄕市博物館 소장.

145 기문정夔紋鼎(부분). 산시성박물관陝西省博物館 소장.

146 수면문정(부분). 허난성문물고고연구소河南省文物考古研究所 소장.

147 수면문정(부분). 상하이박물관 소장.

148 수면문정(부분). 후베이성박물관湖北省博物館 소장.

149 수면문정(부분). 산시성고고연구소山西省考古研究所 소장.

150 수면문방정獸面紋方鼎(부분). 중국국가박물관 소장.

151 수면문방정獸面紋方鼎(부분). 허난성박물관 소장.

152 수면문방정獸面紋方鼎(부분). 허난성 정저우시박물관 소장.

153 수면문방정獸面紋方鼎(부분). 산시성고고연구소 소장.

154 수면문편족정獸面紋扁足鼎(부분). 상하이박물관 소장.

155 수면문편족정獸面紋扁足鼎(부분). 상하이박물관 소장

156 운뢰문편족정雲雷紋扁足鼎(부분). 허난성문물고고연구소 소장.

상나라 중기

157 수면문정(부분). 베이징시 문물연구소北京市文物研究所 소장.

158 수면문정(부분). 상하이박 물관 소장.

159 수면문정(부분). 산시성 장 쯔현박물관長子縣博物館 소장.

160 파상문정波狀紋鼎(부분). 허난성 신상시박물관 소장.

161 뇌문방정雷紋方鼎(부분). 베이징시문물연구소 소장.

162 와호수면문방정臥虎獸面紋 方鼎(부분). 장시성박물관江西 省博物館 소장.

163 수면문편족정獸面紋扁足鼎 (부분). 허난성 옌청현鄢城县 허 신기념관許慎紀念館 소장.

상나라 말기

➤ 154쪽으로 계속

164 수면문정(부분). 타이베이 중앙연구원 역사언어연구소 소장.

165 선문정蟬紋鼎(부분). 중국 사회과학원 고고연구소 소장.

166 수면문정(부분). 중국사회 과학원 고고연구소 소장.

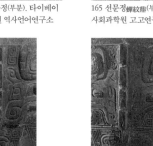

167 부호정婦好鼎(부분). 중국 사회과학원 고고연구소 소장.

168 부호정婦好鼎(부분). 중국 사회과학원 고고연구소 소장.

169 부호정婦好鼎(부분). 중국사 회과학원 고고연구소 소장.

170 아정亞鼎(부분). 중국사회 과학원 고고연구소 소장.

와문渦紋 : 소용돌이무늬, 선문蟬紋 : 매미무늬

171 화문정火紋鼎(부분). 중국사회
과학원 고고연구소 소장.

172 수면문정(부분). 중국사회
과학원 고고연구소 소장.

173 수면문정(부분). 중국사회
과학원 고고연구소 소장.

174 삼각용문정三角龍紋鼎
(부분). 중국사회과학원 고
고연구소 소장.

상나라 중기에 출현한 이 회전무늬에서는 중간의 원이 천극을 표시
하고 그것은 움직이지 않습니다. 그러나 원 주위의 네 개 무늬는 하
늘 위에서 회전하는 동, 남, 서, 북 네 방향의 별자리를 표시합니다.

상나라 중기부터 매미 형상이 출현하기 시작합니다. 왜 매미일까
요? 우리는 홍산 문화의 매미 형상에서 그 해답을 찾을 수 있습니
다. 아래에 제시한 홍산 문화 매미 유물 세 가지는 입 부분에 구궁
도를 새겨놓았습니다. 탁본으로 보면 더욱 분명하죠. 이 때문에 매

175 옥선玉蟬 세 개. 홍산 문화. 전단예술박물관 소장.

미에는 동, 남, 서, 북의 의미가 담겨 있습니다. 따라서 천체를 표현하는 청동기에다 매미를 새기는 것도 똑같은 의미를 지닙니다. 한나라 때에 이르러 매미가 부활의 의미를 나타낸다고 한 것은 분명히 견강부회한 학설에 불과합니다.

착시 효과

여기에서 저는 여러분에게 오랫동안 오해되어온 그림 한 장을 보여드리겠습니다. 그것이 오해된 원인은 '착시 효과' 때문입니다.

상나라의 청동기를 처음 보면 거기에 새겨진 조형이 복잡하다고 느낄 겁니다. 그런데 많이 보고 오래 보다보면 복잡함 속에 중복된 것이 있다는 느낌을 받습니다. 이것과 저것이 중복되어 있고, 도형의 상하 좌우가 중복되어 있습니다.

복잡하게 느껴지는 것은 그 속에 여러 가지 체계가 서로 중첩되어 있기 때문입니다. 중복되어 있다고 느껴지는 것은 중첩된 체계가 2~3개나 되기 때문입니다.

주제에서 좀 돌아가도록 하겠습니다. 예를 하나 들고 그것을 조형의 도상학이란 측면에서 좀 분석해보겠습니다.

저는 여러분이 오랫동안 초점 투시 훈련을 받은 것으로 알고 있습니다. 초점 투시는 자체적으로 엄밀한 논리를 갖추고 있죠. 예컨대 가까운 것은 크고 먼 것은 작다, 또 앞의 것이 뒤의 것을 가린다와 같은 것이 그것이죠. 이것은 공간을 창조할 때 아주 유용한 논리입니다. 초점 투시라는 무공을 배웠다면 그것을 여러분의 작품에 응용하든 안하든 그 무공을 스스로 없앨 필요까지는 없을 겁니다. 재미있는 것은 논리성이 강하면 강할수록 더욱 쉽게 속게 된다는 사실입니다. 에셔M. C. Escher(1898~1972)의 그림을 대부분 보신 적이 있을 겁니다. 그는 자신의 그림 속에서 어떤 장난을 합니다. 여러분은 초점투시의 논리에 의지하여 그의 그림을 관찰하다가 마지막에 어떻게 이런 황당한 결과가 생길까 하고 자문하게 될 겁니다. 자! 그럼 이제 에셔의 「폭포」란 그림을 한 번 볼까요.

그렇죠. 모든 것이 초점 투시에 부합합니다. 그러나 떨어진 물이 어

176 「폭포」

177 「오자십동도五子十童圖」

떻게 다시 높은 곳으로 흘러갈까요? 그리고 또 다시 떨어지는군요.

이 그림의 비밀은 아주 간단합니다. 그것은 바로 우리의 대뇌가 하나의 논리를 받아들인 후 그 논리에 따라 관성적으로 사유하기 때문입니다. 관성적 사유는 아주 유용합니다. 사고할 때 효율을 높여주죠. 세 걸음 갈 것을 두 걸음에 가도록 하면서 신속하게 목표에 도달하도록 해줍니다. 대뇌가 사유할 때 쓰는 에너지 소모량은 깜짝 놀랄 정도로 많습니다. 체력 활동보다도 더 많죠. 그래서 대뇌는 에너지를 절약해야 합니다. 관성적 사유가 바로 대뇌의 에너지 절약 과정입니다. 사기꾼은 항상 사람의 관성적 사유를 이용하죠. 수법도 아주 간단해요. 그것은 바로 논리학의 치환 개념과 같죠. 에서는 물론 사기꾼이 아닙니다. 그는 치환 개념에 매혹되었을 뿐입니다. 초점 투시 훈련을 받은 사람은 「폭포」에서 어떤 곳의 투시 논리가 치환되었는지 금방 찾아낼 수 있을 겁니다.

에서는 아주 오래된 방법을 썼죠. 저는 그것을 '착시 효과'라고 부릅니다. 착시 효과는 생물계에서도 적지 않은 사례가 발견됩니다. 예컨대 마른잎나비를 진짜 마른잎과 구별하기는 매우 어렵습니다. 이런 방법을 위장술이라 합니다. 군대에서 위장복을 사용하는 것도 같은 이치죠.

자, 또 다른 예를 들어보겠습니다.

이 그림에 등장하는 어린 아이는 모두 몇 명일까요? 우리는 사람을 볼 때 흔히 얼굴을 먼저 봅니다. 그래서 관성적 사유에 따라 머릿수를 헤아려 다섯 명의 아이가 있다고 대답하게 됩니다. 그러나 관성적 사유를 버리고 자세히 살펴보면 머리 하나에 몸이 둘씩 달려 있다는 사실을 발견할 수 있죠. 따라서 실제로는 모두 10명의 아이가 있습니다. 물론 그림에 벌써 「오자십동도五子十童圖」라고 제목을 달아서 수수께끼의 해답을 제시하고 있군요. 만약 제가 처음 질문할 때 손에 장난감을 들고 있는 아이가 몇 명이냐고 물었다면 여러분의 대답이 좀 늦어졌을 겁니다. 이것이 바로 전형적인 착시 효과에 따른 착각입니다.

이 말씀을 드리는 것은 이후 강의에서 상나라와 주나라의 청동기 도형 안에 '도철饕餮'이란 동물이 없다는 걸 설명하기 위해서입니다. 그럼 도철 말고 뭐가 있을까요? 사진을 보겠습니다.

역대로 사람들은 상·주 청동기의 무늬를 도철로 불러왔죠. 그럼 이런 호칭법이 어느 시대부터 시작되었을까요? 기실 시대가 그렇게 멀지 않습니다. 송나라 때부터 시작되었으니까요.

가장 먼저 도철무늬라고 명명한 것은 송나라의 『선화박고도宣和博古圖』[31]입니다. 선화宣和는 송나라 휘종徽宗(1082~1135)의 연호죠. 그후 여대림呂大臨(1040~1092)은 또 『고고도考古圖』[32]에서 이렇게 설명했어요. "제정祭鼎에는 용호龍虎 무늬를 그렸고 그 가운데 짐승의 얼굴獸面도 있다. 그것은 대체로 도철의 모습으로 보인다祭鼎, 文作龍虎, 中有獸面, 蓋饕餮之象." 원문에 개蓋를 써서 대체로 추정한다는 어감을 풍기고 있습니다. 또 소박邵博(1122~1158)의 『문견후록聞見後錄』 권26에도 이런 기록이 있습니다. "소성紹聖 초에 선친께서 장안부長安府에서 벼슬살이를 했다. 그때 서성西城의 한 고조 사당 앞 떡을 파는 민가에서 흰색 옥 화장상자 하나를 구했다. 높이가 1자가 넘었고 구름, 용, 봉황을 두루 새긴 물건이었다. 대체로 바다 속 신선이 사는 산을 그린 듯했다. 발 부분은 도철을 새겼는데 실로 하·상·주 시대의 보물이라 할 만했다紹聖初, 先人官長安府, 於西城漢高祖廟前賣湯餅民家, 得一白玉奩. 高尺餘, 遍刻雲氣龍鳳. 蓋爲海中神山, 足爲饕餮, 實三代寶器."

그럼 도철에는 무슨 의미가 담겨 있을까요?

도철에 관해서 지금 우리가 찾을 수 있는 가장 이른 자료는『좌전左傳』문공文公 18년의 기록입니다. "순임금은 요임금의 신하가 되고 나서 사방의 성문에서 인재를 받아들이고 사흉족四凶族인 혼돈混沌, 궁기窮奇, 도올檮杌, 도철을 사방 변경으로 유배시켜 이매螭魅를 막게 했다. 이러한 까닭에 요임금이 세상을 떠난 이후에도 천하 사람들이 한결같은 마음으로 순을 추대하여 천자로 삼았다. 이는 순임금이 16명의 재상을 등용하고 사흉족을 제거했기 때문에 이루어진 일이다舜臣堯, 賓於四門, 流四凶族混沌, 窮奇, 檮杌, 饕餮, 投諸四裔, 以禦螭魅. 是以堯崩而天下如一, 同心戴舜, 以爲天子. 以其擧十六相, 去四凶也." 또 바로 앞 대목에는 이런 기록이 있습니다. "진운씨縉雲氏33에게 불량한 아들이 있었는데 음식을 탐하고, 뇌물을 밝히고, 욕망에 탐닉하고 사치를 숭상하며 만족할 줄 몰랐다. 또 재물을 긁어모아 가득 쌓아두고도 한도를 몰랐으며 고아와 과부에게 나눠주지도 않고 궁핍한 사람을 구휼하지도 않았다. 천하의 백성은 그를 삼흉三凶34에 비견하며 도철이라고 불렀다縉雲氏有不才子, 貪於飮食, 冒於貨賄, 侵欲崇侈, 不可盈厭. 聚斂積實, 不知紀極, 不分孤寡, 不恤窮匱. 天下之民以比三凶, 謂之饕餮." 진晉나라 두예杜預는 도철에 각주를 달아 이렇게 풀이했습니다. "재물을 탐하는 것을 도饕라 하고, 음식을 탐하는 것을 철餮이라 한다貪財爲饕, 貪食爲餮." 그 후 전국시대 말기 『여씨춘추』「선식」에서는 이렇게 기록했습니다. "주나라 정鼎에 도철

이 새겨져 있다. 머리만 있고 몸은 없다. 사람을 잡아먹기 위해 입에
물고 아직 삼키지도 않았지만 그 해독이 자신의 몸에 미친 모습이
니, 인과응보를 당한다는 걸 나타낸다周鼎著饕餮, 有首無身. 食人未咽, 害及
其身, 以言報更也." 또 같은 책 「시군侍君」 편에는 다음과 같은 기록이 있
습니다. "안문雁門의 북쪽에는 응준鷹隼, 소지所鷙, 수규須窺 등의 나
라와 도철, 궁기가 사는 땅이 있다雁門之北, 鷹隼,所鷙,須窺之國, 饕餮,窮奇之
地."

　아래에서 저는 사진을 이용하여 여러분에게 청동기에 그려진 소
위 도철이 기실 두 마리 청룡의 측면 조합이란 사실을 증명해보이겠
습니다. 스웨덴의 칼그렌Bernhard Karlgren(1889~1978) 선생도 이미 이
러한 현상을 발견했죠. 착시 효과에 따른 착각으로 인해 송나라 사
람들은 그것을 어떤 짐승의 정면 모습이라고 오해했고, 그것이 후세
로 전해지며 지금의 주류 학설이 되었습니다.

　빨간 선으로 표시한 부분은 천극신 부호이고, 초록 선으로 표시
한 부분은 청룡 부호입니다. 빨간색 선과 노란색 선은 중첩된 부분
이 있죠. 특히 천극신 부호의 아래 끝 부분은 청룡의 코로 볼 수도
있습니다. 이것이 바로 '착시 효과'인데, 이로 인해 한나라에서 현대
까지 사람들은 대부분 이 부호를 온전한 한 마리의 신수神獸로 오해
하고 그것을 도철이라고 추측했습니다. 기실은 천극신 부호가 청동
기에 단독으로 다량 출현한 것입니다. 다음 그림을 보시죠.

178 서주 초기. 수면용문대정獸面龍紋大鼎(부분).
산시성 춘화현淳化縣 문물관리소 소장.

우리는 「하도」의 동청룡이 북극성 선회 모티프에서 나왔다는 사실을 잘 알게 되었으므로 청동기에서 전통적으로 구름무늬雲紋 혹은 번개무늬雷紋로 호칭되거나 옥기에서 곡식무늬穀紋로 불려온 도안도 기실은 모두 위에서 말한 동청룡 모티브가 미세하게 변형된 모습이란 사실을 쉽게 판별할 수 있습니다. 이 모티프로 만들어진 형상은 고대 도상에서 끊임없이 반복되고 또 반복되었습니다. 우리가 도철무늬를 존재하지 않는 형상이란 걸 증명한 것과 마찬가지로 구름무늬, 번개무늬, 곡식무늬도 모두 오독된 형상에 불과합니다. 청동기에 많이 사용된 소머리, 양머리에도 모두 이마에 소용돌이 모양의 가마가 있기 때문에 천극을 중심으로 회전하는 천체의 형상으로 사용될 수 있습니다. 이 때문에 청동기에 그려진 소머리와 양머리 이마에는 모두 천극을 표시하는 마름모 형상이 있습니다. 소와 양은 제사의 희생으로 사용되므로 그 지위가 숭고합니다. 몽골족 여성들은 양머리의 가마 부위 가죽을 여러 장 꿰매서 담요를 만든 후 동시에 노래 부르며 즐깁니다.

179 상나라 말기. 유정劉鼎(부분). 상하이박물관 소장.

180 서주 초기. 수면용문대정(부분). 산시성 춘화현 문물관리소 소장.

양쪽 청룡이 머리를 들고 있어서 코 부분이 천극신 부호의 아래 끝 부분과 붙어
있지 않죠. 이 때문에 천극신의 완전한 형상이 나타나 있습니다.

181 서주 초기. 외숙정外叔鼎(부분). 산시역사박물관 소장.

마찬가지로 이 사진에서는 호랑이가 머리를 들고 있어서 천극식 부호가 독립된 모습으로 나타나 있습니다.

낙
서
하
도

182 상나라 말기. 수면문정(부분). 타이베이 중앙연구원 역사언어연구소 소장.

183 상나라 말기. 우방정禹方鼎(부분). 산둥성박물관山東省博物館 소장.

184 상나라 말기. 睪鼎(부분). 상하이박물관 소장.

185 상나라 말기. 螽鼎(부분). 상하이박물관 소장.

186 서조 초기. 曆簋(부분). 베이징 폴리예술박물관 소장.

이 부분을 촬영할 때 폴리박물관 측에서는 내게 손전등으로 측면 광선을 이용할 수 있게 허락해줬어요. 이처럼 천극신의 요철이 명확하게 드러나니까 마치 천극신이 캄캄한 하늘에서 우리를 굽어보고 있다는 느낌이 들죠.

187 강백유銅伯卣. 상나라 말기. 폴리에술박물관 소장.

188 상나라 말기. 강백유犅伯卣(부분). 폴리예술박물관 소장.

이 강백유(일종의 술통)를 보실까요. 높이가 거의 50센티미터 정도 되죠. 제사 때 쓰는 중요한 그릇입니다. 제가 이 그릇의 천극 부호를 빨간 테두리로 구분해놓았습니다. 두 개가 있죠. 아래의 것은 커다란 눈과 결합되어 있고, 위의 것은 간략화되어 있는데 양쪽에서 봉황 문양이 마주보고 있습니다. 가장 윗부분의 것은 바로 손잡이 가운데에 있죠. 부호만 그려져 있고 청룡이 양쪽에서 마주보고 있습니다.

다시 양쪽 가장자리의 빨간 선을 보시죠. 이것들도 반쪽짜리 천극 부호인데 그릇 전체에 네 개가 있습니다. 이는 각각 동서남북 네 방향을 표시합니다.

다시 하얀 선 안을 보시죠. 이 마름모꼴 별 문양은 가장 큰 천극 부호의 중심인 동시에 전체 그릇의 중심이 되고 있습니다. 여러분은 제가 앞서 강의할 때 보여드린 그 청동반(그림50)의 기하학 중심을 기억하고 있겠죠? 그것도 마름모꼴이었죠?

이 그릇의 조형이 나타내는 의미는 동청룡과 남주작이 천극을 둘러싸고 있다는 것입니다.

자! 다시 한 가지 사례를 관찰해볼까요.

189 신면유神面卣. 서주 초기. 폴리예술박물관.

선을 그어 구획을 짓고 나면 천극신의 형상을 더욱 분명하게 관찰할 수 있습니다. 그것은 신의 얼굴 중앙에 있는 콧마루·눈썹과 착시효과를 일으키고 있죠. 또 이 용기 양쪽에 있는 톱날모양 조각도 천극신의 크기와 위치를 표시해주고 있습니다.

190 신면유단색 개념도. 서주 초기. 폴리예술박물관.

191 ☒卣. 상나라 말기. 광시좡족자치구박물관廣西壯族自治區博物館 소장.

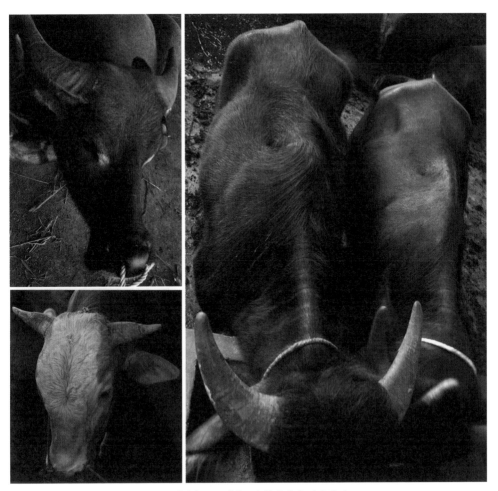

192 소머리와 소 몸체의 소용돌이 가마. 작자 촬영.

1974년 광시에서 출토된 이 용기(그림191)의 배 부분에는 소머리가 조각되어 있고 손잡이 양 끝도 소머리로 되어 있습니다. 청동기에 항상 나타나는 소머리 혹은 양머리에는 무슨 의미가 담겨 있을까요? 아주 간단합니다. 그 문양들 특히 그 이마에는 모두 가마가 있습니다. 그것은 「하도」 부호와 유사한 나선형 문양이에요. 이 때문에 이 짐승 문양은 이마에 마름모꼴 즉 천극 부호를 새겨넣을 자격을 갖게 되는 거죠.

고대 문헌은 우리에게 왕의 일급 제사에는 태뢰太牢를 사용하는데 태뢰는 바로 소, 양, 돼지를 희생으로 쓴다고 알려주고 있습니다. 제후의 일급 제사에는 소뢰小牢를 사용하는데 소뢰는 바로 양과 돼지를 희생으로 쓰는 것이죠. 그 이하 대부들은 오직 돼지만을 사용합니다. 이는 돼지의 등급이 비록 낮아도 소용돌이 가마가 있음을 설명해줍니다. 소가 최고의 희생품인데 일급에 속하죠.

구이저우 먀오족은 3~4년에 한 번씩 구서鼓社란 큰 제사를 지낼 때 소를 희생으로 씁니다. 허광위何光渝와 허신何昕은『원초 지혜의 연륜原初知慧의 年輪』제6장 2절 3소절에서 제사에 관한 필드워크를 통해 우리에게 다음과 같은 사실을 알려주고 있습니다. 구이저우 타이장현 F 향의 먀오족이 선택한 "구서 소鼓社牛는 모두 몸집이 큰 무소 수컷이다. 그 마을 사람들의 선택 기준은 몸집이 크고, 힘이 세고, 몸이 건장하고, 싸움을 잘하고, 뿔이 크고, 입이 크고, 이마의 가마가 좋은 것 등이다. 소위 '가마(즉 무소 수컷 몸에는 각각 상이한 부위에 소용돌이 모양의 가마가 있음)'가 좋다는 것은 무소 가마의 소용돌이 돌기 모양이 뚜렷하고 그 중심이 도드라진 것을 말한다."

제가 촬영한 무소와 일반 소의 머리입니다. 이들 소머리에서도 가마를 볼 수 있죠. 또 다른 한 장의 사진에서는 두 마리 무소 몸에 나 있는 가마를 볼 수 있습니다. 그러나 이들 소는 '태뢰'나 '고사'에 쓰이는 표준에는 도달하지 못했습니다. 여러분에게 가마를 보여주기 위한 사진일 뿐입니다.

193 ○상정敹象鼎 (부분). 중국사회 과학원 고고연구 소 소장.

194 대개정帶盖鼎(부분). 중국 사회과학원 고고연구소 소장.

195 공정共鼎(부분). 중국사회 과학원 고고연구소 소장.

196 선문정蟬紋鼎 (부분). 중국사회 과학원 고고연구 소 소장.

197 유정뢰문정乳 釘雷紋鼎(부분). 중 국사회과학원 고 고연구소 소장.

198 수면문정(부분). 중국사 회과학원 고고연구소 소장.

199 아지정亞址鼎(부분). 중국 사회과학원 고고연구소 소장.

200 ○기정人己鼎 (부분). 허난성 안 양시 문물공작대 文物工作隊 소장.

201 아관정亞盥鼎 (부분). 중국사회 과학원 고고연구 소 소장.

202 ○복정平箙鼎(부분). 허난 성 안양시 문물공작대 소장.

203 원정爰鼎(부분). 허난성 안양시 문물공작대文物工作 隊 소장.

204 부을정父乙鼎(부분). 중국 사회과학원 고고연구소 소장.

205 고령정告寧鼎(부분). 중국사회과학원 고고연구소 소장.

206 조모○정鳥母癥鼎(부분). 중국사회과학원 고고연구소 소장.

207 수사자정戍嗣子鼎(부분). 중국사회과학원 고고연구소 소장.

208 유정劉鼎(부분). 상하이박물관 소장.

209 수면문정(부분). 상하이박물관 소장.

210 ○정鼎(부분). 상하이박물관 소장.

211 ○정鼎(부분). 상하이박물관 소장.

212 사녀정射女鼎(부분). 상하이박물관 소장.

213 수면문정(부분). 상하이박물관 소장.

214 아주정亞舟鼎(부분).
미국 프리어갤러리 소장.

215 삼각선문정三角蟬紋鼎
(부분). 미국 새클러미술관
소장.

216 온정溫鼎(부분).
타이베이 중앙연구원
역사언어연구소 소장.

217 연정鳶鼎(부분).
미국 하버드대학
예술박물관 소장.

218 사모신방정司母辛方鼎
(부분). 중국사회과학원
고고연구소 소장.

219 부호방정婦好方鼎(부분).
중국사회과학원 고고연구소
소장.

220 우방정牛方鼎
(부분). 타이베이
중앙연구원 역사
언어연구소 소장.

221 녹방정鹿方鼎(부분).
타이베이 중앙연구원
역사언어연구소 소장.

222 자위방정子韋方鼎(부분).
중국사회과학원 고고연구소
소장.

223 아지방정亞址方鼎(부분).
중국사회과학원 고고연구소
소장.

224 수면문방정獸面紋方鼎
(부분). 중국사회과학원
고고연구소 소장.

225 유정문방정乳釘紋方鼎
(부분). 중국사회과학원 고고
연구소 소장.

226 후사모무방정
后司母戊方鼎. 중국
국가박물관 소장.

227 부무방정父戊方鼎(부분).
상하이박물관 소장.

228 부기방정父己方鼎(부분).
허난성 신샹시박물관新鄕市
博物館 소장.

229 원방정爰方鼎
(부분). 허난성 안
양시 문물공작대
소장.

230 수면문정(부분).
타이베이 중앙연구원
역사언어연구소 소장.

231 사각운뢰문정斜角雲雷紋
鼎(부분). 중국사회과학원
고고연구소 소장.

232 부호정婦好鼎(부분). 중국
사회과학원 고고연구소 소장.

233 필미정㢌未鼎(부분). 허난
성 안양시 문물공작대 소장.

234 부을정父乙鼎(부분). 중국
사회과학원 고고연구소 소장.

235 용문정龍紋鼎(부분). 중국
사회과학원 고고연구소 소장.

236 부경정父庚鼎(부분).
난징박물원 소장.

238 아어정亞魚鼎(부분). 중국사회과학원 고고연구소 소장.

237 아ㅇ정亞夐鼎(부분). 중국사회과학원 고고연구소 소장.

239 경정京鼎(부분). 중국사회과학원 고고연구소 소장.

240 아정정亞鼎鼎(부분). 상하이박물관 소장.

241 수면문정(부분). 중국사회과학원 고고연구소 소장.

242 수면문정(부분). 타이베이 중앙연구원 역사언어연구소 소장.

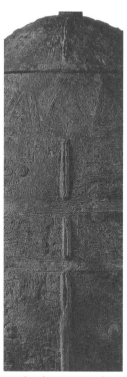

243 아ㅇ정亞夐鼎(부분). 일본 후지이유린관藤井有鄰館 소장.

244 수면문정(부분). 산시성
박물관山西省博物館 소장.

245 식정息鼎(부분).
허난성 신양 문물관리위원회
河南省信陽文管會 소장.

246 식부신정息父辛鼎(부분).
허난성 신양 문물관리위원회
소장.

247 읍정邑鼎(부분).
산시성 고고연구소
소장.

248 ○정嬢鼎(부분).
상하이박물관 소장.

249 조문정鳥紋鼎. 허베이성
河北省 문물연구소 소장.

250 조문정(부분). 상하이박
물관 소장.

251 수면문정(부분). 허난성
신양 문물관리위원회 소장.

252 자○군처정子儁
君妻鼎(부분). 상하
이박물관 소장.

253 사정史鼎(부분).
상하이박물관 소장.

254 과정戈鼎(부분).
상하이박물관 소장.

255 ○정姨鼎(부분).
산시역사박물관陝西歷史
博物館 소장.

256 운문정雲紋鼎(부분). 산시성
박물관 소장.

257 수면문정(부분).
상하이박물관 소장.

258 수면문정(부분). 산시역사박물관 소장.

259 수면문정(부분). 후난성박물관
湖南省博物館 소장.

260 수면문편족정獸
面紋扁足鼎(부분). 장시
성박물관江西省博物館
소장.

261 수면문호족정獸面紋
虎足鼎(부분). 장시성
박물관 소장.

262 수면문대문방정
獸面紋帶門方鼎(부분).
장시성박물관 소장.

263 사방정保方鼎(부분).
허난성박물관河南省博物館
소장.

264 ○방정朿方鼎(부분).
산시성박물관 소장.

265 우방정(부분). 산둥성박물관 소장.

266 대화방정大禾方鼎(부분). 후난성박물관 소장.

267 부호정(부분).
중국사회과학원
고고연구소 소장.

268 성왕방정成王方
鼎(부분). 미국 넬슨-
아킨스미술관 소장.

269 덕방정德方鼎(부분).
상하이박물관 소장.

270 태보방정太保方鼎
(부분). 톈진시天津市
예술박물관 소장.

271 O방정厤方鼎(부분).
상하이박물관 소장.

272 O방정堲方鼎
(부분). 미국 샌프란
시스코 아시안 아트
뮤지엄 소장.

273 O방정𣪘方鼎(부분).
미국 샌프란시스코
아시안 아트 뮤지엄 소장.

274 후탁방정
厚趠方鼎(부분).
상하이박물관 소장.

275 수면구련뢰문정獸面勾連
雷紋鼎(부분). 시안시西安市
문물보호고고소
文物保護考古所 소장.

276 수면봉문정獸面
鳳紋鼎(부분). 산시역
사박물관 소장.

277 우정牛鼎(부분). 미국 펜실
베니아대학 박물관 소장.

278 유정용문정乳釘龍紋鼎
(부분). 산시역사박물관 소장.

279 외숙정外叔鼎(부분).
산시역사박물관 소장.

280 대우정大盂鼎(부분).
중국국가박물관 소장.

281 수면문정(부분).
산시역사박물관 소장.

282 자신부기정子申父己鼎(부분).
뤄양시박물관洛陽市博物館 소장.

283 ㅇ정鼏鼎(부분). 상하이박
물관 소장.

284 ㅇ방정鼏方鼎(부분).
랴오닝성박물관遼寧省博
物館 소장.

285 언후지정匽侯旨鼎
(부분). 일본 센오쿠박고관
日本泉屋博古館 소장.

286 근정堇鼎(부분). 수도박
물관首都博物館 소장.

287 수면문정(부분).
수도박물관 소장.

288 어방정圉方鼎(부분).
수도박물관 소장.

289 강후풍방정康侯豐方鼎(부분).
타이베이 고궁박물원 소장.

290 성주정成周鼎(부분). 베이징대학 새클러
고고 예술박물관賽克勒考古藝術博物館 소장.

291 백유용문방정百乳龍紋方
鼎(부분). 텅저우시박물관滕
州市博物館 소장.

292 등후방정滕侯方鼎
(부분). 텅저우시박물관
소장.

293 상비형족방정象鼻形
足方鼎(부분). 산둥성
문물고고연구소 소장.

294 북자ㅇ정北子冈鼎(부분).
후베이성박물관 소장.

295 수면용문대정(
부분). 춘화현문관소
淳化縣文管所 소장.

296 ㅇ정旗鼎(부분).
산시역사박물관 소장.

297 봉문방정鳳紋方鼎
(부분). 바오지시박물관
寶雞市博物館藏 소장.

298 백방정伯方鼎(부분).
바오지시박물관 소장

299 평개수면문정
平蓋獸面紋鼎(부분).
바오지시박물관 소장

300 ㅇ정乀鼎(부분). 간쑤
성박물관甘肅省博物館藏
소장.

301 ㅇ정罤鼎(부분).
간쑤성박물관 소장.

302 백○방정伯結方鼎(부분).
바오지시박물관 소장

303 정희정井姬鼎(부분).
바오지시박물관 소장

304 ○○진방정鎋虤進方鼎
(부분). 산시역사박물관
소장.

305 ○방정갑戜方鼎甲
(부분). 푸풍현박물관扶風縣
博物館藏 소장.

306 ○방정을戜方鼎乙(부분).
푸풍현박물관 소장.

307 ○정戜鼎(부분).
푸풍현박물관 소장.

308 월인수문방정肌人守門
方鼎(부분). 저우위안
박물관周原博物館藏 소장.

309 오사위정五祀衛鼎
(부분). 산시역사박물관 소장.

310 사탕부정師湯父鼎(부분).
타이베이 고궁박물원 소장.

311 십오년작조정十五年
趞曹鼎(부분). 상하이
박물관 소장.

312 수목교련문온정獸目
交連紋溫鼎(부분). 저우위
안박물관 소장.

313 봉조문정鳳鳥紋鼎(부분).
랴오닝성박물관 소장.

314 ○정冒鼎. 상하이박물관
소장.

315 사미정師眉鼎(부분).
난징박물원 소장.

316 대극정大克鼎(부분).
상하이박물관 소장.

317 예공정芮公鼎(부분).
일본 이데미쓰미술관
出光美術館 소장.

318 ○숙정㝬叔鼎(부분).
란텐현문문관소藍田縣文
管所藏 소장.

319 사조편족방정四鳥扁
足方鼎(부분). 푸풍현
박물관 소장.

320 사송정史頌鼎(부분).
상하이박물관 소장.

321 모공정毛公鼎 (부분).
타이베이 고궁박물원 소장.

322 진후ㅇ정晉侯穌鼎 (부분).
산시성 고고연구소 소장.

323 괵문공자ㅇ정虢文公子彶
鼎 (부분). 뤼순박물관旅順博
物館 소장.

324 괵선공자백정虢宣公子白鼎 (부분).
베이징 이허위안관리처頤和園管理處 소장.

325 다우정多友鼎 (부분).
산시역사박물관 소장.

동주東周, 춘추春秋

326 반사문정蟠蛇紋鼎 (부분).
허난성박물관 소장.

327 반사문정蟠蛇紋鼎
(부분). 산시성
고고연구소 소장.

328 반사문정蟠蛇紋鼎
(부분). 허난성박물관
소장.

329 교룡문정交龍紋鼎 (부분).
서우현박물관壽縣博物館 소장.

330 수수정獸首鼎 (부분).
서우현박물관 소장.

동주, 전국戰國

331 주객정鑄客鼎 (부분).
안후이성박물관安徽省博物館 소장.

332 ㅇ긍ㅇ정酓肯訑鼎 (부분).
안후이성박물관 소장.

333 반두정半斗鼎(부분). 셴양
시박물관咸陽市博物館 소장.

전형적인 진정秦鼎에는 거의 대부분 천문 현상과 관련된 무늬가
없습니다. 동주 청동기에서 소실되기 시작한 천극신 부호는 이 시
기에 이르러 철저하게 사라지죠. 이것은 본질적인 측면에서 종교와
신학의 관념이 변화했기 때문인데, 이에 대해서는 뒷부분에서 다시
토론할 기회가 있을 겁니다. 저는 여기서 『중국 청동기 전집』에 실
린 정鼎을 모두 보여드렸지만 이 전집에 실린 기타 모든 종류의 청
동기에도 천극신 부호가 전성기에서 점차 쇠망기로 나아가는 과정
이 반영되어 있습니다. 이는 특히 주나라 왕실의 지위가 쇠퇴한 과
정과 직접적으로 대응됩니다. 청동기의 전성기는 상나라 말기와 서
주 초기였으므로 여러분도 창작 과정에서 이 시기 청동기 조형의 처
리 관계를 이용할 수 있습니다. 특히 천극 부호에 대해서는 다시 앞
으로 돌아가서 청동기가 시작될 때 출현한 그 녹송석상감 청동패
(그림138)를 살펴볼 수 있을 겁니다. 전체 계열로 살펴보면 그 청동패
의 조형 의미를 더욱 깊이 깨달을 수 있습니다. 산시山西와 산시陝西의

천극신 부호

천극신 부호

335 호식인유 정면   336 호식인유 뒷면

공예에 자주 보이는 '쪽머리 인형 도안抓髻娃娃'도 기실은 천극신의 변형입니다. 여러분은 조형의 변화와 발전에 대해 공부해보고 싶은 흥미가 생기십니까? 청동기의 천극신 부호를 거의 직접적으로 응용한 도안이 바로 베이징올림픽 마스코트 푸와福娃입니다. 그것은 유래가 아주 오래 되었을 뿐 아니라 고귀하면서도 사랑스럽습니다. 이는 세계 문명사에서 아주 독특한 캐릭터인데 심지어 용보다도 더 독특합니다. 이러한 부호가 중국에서는 옛날부터 지금까지 공공의 생산물이었습니다. 비록 상고시대에 오직 임금만이 천극신에게 제사를 지낼 수 있었지만 말입니다. 동시에 임금은 제사에 의지하여 자신의 합법성을 증명했고, 이러한 합법성은 또 사직의 혈통으로 승인되었습니다. 따라서 그것은 실제로 우리 모두의 혈맥 속에도 전해지고 있습니다.

호식인유虎食人卣

1981년 리쩌허우李澤厚 선생이 자신의 미학 저서 『미의 역정美的歷程』을 출간하여 선풍을 불러 일으켰고, 그 영향이 지금까지도 지속되고 있습니다. 미학에 흥미를 가진 젊은이라면 읽지 않을 수 없는 책이죠. 어떤 사람은 심지어 여러 부분을 암송까지 하더군요. 리 선생은 철학과 사상사를 연구하는 분인데, 그 후 계속해서 출간한 몇 권의 사상사와 미학사도 모두 한 시기를 풍미했습니다. 당시 미학 붐이 일어났을 때 우리 아버지께서도 『영화 미학電影美學』 편찬을 위해 팀을 조직했죠. 그때 아버지께서 제게 『미의 역정』을 읽어봤냐고 물었습니다. 제가 읽어봤다고 하자 느낌이 어땠냐고 또 물었어요. 저는 10년 동안 중국 서남쪽 시골에서 살아본 경험에 의지하여 아버지께 말씀드렸죠. 저는 리 선생이 청동기에 표현된 형상을 흉악하게 보고 그것을 계급 압박의 도구로 인식하는 부분에 직감적으로 동의할 수 없었어요. 예를 들면 '호식인유'가 표현하고 있는 것을 호랑이가 노예를 삼키는 모습이라고 했는데, 이는 불가능한 일이에요. 아버지께서 제게 그 이유를 물었어요. 저는 만약 노예를 위협하려면 반드시 노예가 현장에 있어야 하는 것처럼 노예가 이 청동기를 볼 수 있어야 한다고 말씀드렸어요. 이 청동기를 볼 수 없으면 노예가 위협당하지 않죠. 요즘 우리처럼 누구나 표를 사서 영화관에 들어가 공포물을 보고 겁을 먹는 상황과는 다르죠. 이 때문에 현장에 있어야 한다는 사실은 필요조건이에요. 이족彝族 사회에도 일찍이 노예가 있었습니다. 노예는 '바이이白彝'에 속했고 '궈좡와쯔郭莊娃子'라고 불렸어요. 제

337 호식인유 바닥 부분

338 후모무정后母戊鼎(司母戊鼎) 솥귀 바깥쪽 측면. 상나라 말기.
1939년 허난성 안양시 우관촌武官村 출토로 전해짐. 중국국가박물관 소장.

339 부호월婦好鉞. 상나라 말기. 허난성 안양시 샤오툰촌
5호묘 1976년 출토. 중국사회과학원 고고연구소 소장.

340 용호문준龍虎紋尊. 안후이성 푸난현阜南縣
주자이룬허朱砦潤河 1957년 출토. 중국국가박물관 소장.

기실 '사람'의 머리를 물고 있는 호랑이 문양의 청동기는 적지 않게 발견되고 있습
니다. 여기에 제시한 3장의 사진(그림338~340)이 나타내는 주제는 호식인유의
그것과 동일합니다.

가 이해한 바에 따르면 당년에 그들은 제사에 참가할 자격이 없었습
니다. 제사에 참가하는 사람은 '헤이이黑彝'라고 불렸죠. 현대사회처
럼 대형 비판대회를 열면 인민공사의 서기, 빈농, 하층농, 중농, 지
주, 부자, 악질우파분자가 모두 대회장에 나와야 하는 경우와는 다
릅니다. 이런 비판대회에서는 지주, 부자, 악질우파분자들이 모두 반
드시 머리를 숙이고 꿇어앉자 자기비판을 진행해야 합니다. 그리고
그런 개인에게 총살형을 선고해야 그들을 위협할 수 있습니다. 그들
이 바로 그 현장에 있기 때문입니다. 제 말을 듣고 아버지께선 웃었
죠. 그분은 문화대혁명 초기에 투쟁 현장에 감금되었던 프롤레타리

아의 적이었습니다. 현장의 엄혹함을 너무나 잘 알고 있는 분이죠.

　오늘 나는 이 기회를 빌려 우리가 앞에서 토론한 지식으로 이 호식인유를 관찰해보려고 합니다. 여러분은 이 청동기의 이름을 들었을 때 틀림없이 호랑이가 사람을 잡아먹는 형상이라고 인식했을 겁니다. 그런데 어떤 사람일까요? 우선 이 사람에게는 문신이 있습니다. 노예가 문신을 할 수 있을까요? 할 수 있습니다. 왜냐하면 노예는 전쟁 포로이기 때문이죠. 그들에게는 우리와 다른 부족이라는 문신을 강제로 새깁니다. 하지만 이 사람의 등에 있는 문신 도안을 보시죠. 이것은 우리가 알고 있는 천극 즉 지고무상至高無上한 북극부호입니다. 그럼 다시 호랑이 몸을 보시죠. 이것들은 모두 우리가 익히 알고 있는 청룡입니다.

　장광즈 선생은 제가 이 호식인유의 기존 설명을 의심하고 있다고 말씀드리자, 곧바로 혹시 나중에 이 청동기의 실물을 볼 기회가 있으면 반드시 바닥을 살펴보라고 하시더군요. 장 선생의 말씀은 호랑이가 무당을 호위하여 천지의 이치를 관통하게 한다는 의미였죠. 저는 그 분의 당부를 단단히 기억해뒀습니다.

　이 호식인유는 두 가지가 있죠. 하나는 프랑스 파리의 국립 기메 동양 박물관Musée national des Arts asiatiques-Guimet에 소장되어 있고, 또 하나는 일본 교토의 센오쿠박고관泉屋博古館에 소장되어 있습니다. 저는 먼저 교토의 센오쿠에 가서 이 호식인유를 봤습니다. 한자로 '虎食人卣'라는 제목이 적혀 있었고 영어로 'Wine vase tiger holding a human being, You'라고 번역되어 있었습니다. 영어의 표현이 한자보다 부드럽죠. 기실 우리는 리쩌허우 선생을 탓할 수 없습니다.

이 청동기의 제목은 근대에 출토된 후에 붙여진 것이기 때문입니다. 뤄전위羅振玉는『용려일찰佣廬日札』에서 이 청동기에 대해 "형태가 기괴하다. 짐승이 사람을 삼키려는 모습인데 아마도 도철을 형상화한 듯하다"라고 설명했어요. 따라서 규범화된 언어에서 말하는 계급 압박의 실례로 거론되고, 또 그것이 이 청동기의 미학 논리로 오독될 가능성이 열려 있는 것이죠.

저는 처음 센오쿠에 갔을 때 잘 보이지 않는 바닥 부분에 무엇이 있는지 시선을 모아 자세히 관찰했지만 음각으로 새겨진 가는 선만 보이더군요. 그리고 여러 해가 지났어요. 지난해에 다시 가서 이 청동기의 바닥 부분에 비스듬히 거울을 대고 비춰봤지만 바닥이 어두워서 역시 분명하게 보기가 어려웠어요. 저는 신분이 분명한 전문가가 아니기 때문에 이 박물관에 청동기의 바닥을 뒤집어서 보여달라고 요청할 수가 없었죠. 하지만 그때 센오쿠에서 청동기 전시물에 관한 도록을 발간하면서 이 청동기의 바닥 사진을 인쇄해 넣었습니다. 자 이제 그림337을 보도록 하겠습니다. 중요한 순간입니다!

이것은 우리가 앞의 강의를 통해 잘 알게 된 용입니다. 그런데 언뜻 스쳐보면 음경陰莖으로 오해할 수도 있습니다. 이 때문에 호랑이와 사람이 교접하는 형상이라고 설명하기도 합니다. 어쨌든 그런 설명도 최소한 호랑이가 잡고 있는 것이 노예라는 인식을 부정하고 있죠. 이 용의 꼬리 부분을 볼까요. 나선형으로 말려 있죠. 역시「하도」의 의미가 담겨 있습니다. 또 용의 머리를 주의해서 보시죠. 그것은 사람의 항문 부위에 위치해 있습니다. 마름모 모양이죠? 그렇습니다. 북극성입니다. 자 그럼 이 청동기의 신분이 정해졌군요. 이것

341 고양이과 동물의 전형적인
새끼 보호 동작.

은 천극신입니다. 하느님이죠.

이것은 대담하게도 하늘을 품고 있는 호랑이입니다. 하느님을 삼
키려 합니다. 그럼 이 청동기의 이름을 '호식신유虎食神卣'라고 개명하
는 것이 적합하지 않을까요?

이 청동기의 제작 시기는 일찍이 서주 초기로 비정한 적이 있고,
지금은 상나라 말기로 인정하고 있습니다. 전해오는 말에 따르면 후
난성 안화현에서 출토되었다고 합니다. 만약 이것이 서주 초기의 청
동기라면 우리는 서주 초기 예기禮器의 조형 제도가 상나라를 계승
했고 주나라의 방위는 서쪽이었으며 서쪽을 나타내는 별자리는 호
랑이란 사실을 알고 있습니다. 이 때문에 이 청동기의 조형 의미는
아마도 주나라 무왕武王(기원전 1087?~기원전 1043)이 혁명에 성공한
이후, 새로운 권력의 힘으로 형만荊蠻 땅을 향해, 주나라가 이제 천
극 제사의 권리를 계승했고 천극 수호의 자격을 보유했다고 선포하

는 것으로 보입니다.

이 청동기를 우리는 어떻게 명명해야 할까요? '호우태일虎佑太一'이
라고 불러야 할까요? 장광즈 선생은 상·주 시기 제사 미술을 연구
해온 전문가입니다. 그가 쓴 이 부분의 저작도 여러분은 반드시 읽
어야 합니다. 그가 말하는 무사巫師(무당)는 참으로 일리 있습니다.
우리가 문신으로 인식하고 있는 부분도 우리가 앞에서 이야기한 적
이 있는 먀오족 귀사鬼師의 복장처럼 당시의 무사가 입었던 예복으
로 판단할 수 있죠. 요컨대 호랑이가 사람을 잡아먹는다고 인식해서
는 안 됩니다.

청동기의 원래 모습은 금빛이 찬란합니다. 우리가 지금 청동기에
대해서 갖고 있는 인상은 부식에 의한 녹과 합금에 의한 산화 작용
으로 인해 거무튀튀하고 푸르딩딩한 색깔로 변한 모습일 뿐입니다.
이것도 오해입니다.

아래의 그림 세 장은 카이리시 황핑현 완수이진灣水鎭 퉁무촌桐木
村에서 수집한 것입니다. 먀오족 자수 고수高手와 하수下手 사이에 그
기법을 전수하는 자료죠. 이중 많은 도형이 우리가 흔히 보는 소장
품들 속에서는 발견할 수 없습니다. 참 아쉬운 일이죠. 특히 이 속
에 포함되어 있는 몇몇 사람 형상은 신이나 귀사鬼師일 가능성이 아
주 농후합니다. 그러나 그 형상이 구체적인 도형 관계 속에 자리 잡
은 것이 아니기 때문에 단정할 수는 없습니다. 아마도 이런 물건을
수집하는 사람이 있을 겁니다. 그건 심지어 외국인일 수 있으며 특
히 프랑스인일 가능성이 큽니다. 그러나 우리에게는 이런 것이 눈에
잘 띄지 않습니다. 서구인들이 부족문화를 얼마나 중시하는지 여러

분은 잘 이해하지 못할 겁니다. 만약 제 수업을 듣고 이에 대한 흥미가 생긴다면 이 부문의 자료를 주의 깊게 수집할 수도 있을 겁니다.

342 먀오족 자수 문양. 구이저우성 카이리시 황핑현 완수이진 퉁무촌.

343 먀오족 자수 문양. 구이저우성 카이리시 황핑현 완수이진 퉁무촌.

굴원屈原의 「구가九歌」

이제 북극성이 고대 제사 과정에서 어떤 모습을 보이고 있는지 살펴보도록 하겠습니다. 고대 문헌 중에서 저는 전국시대 굴원의 작품으로 전해지는 「구가」를 예로 들겠습니다. 이보다 빠른 자료는 없기 때문입니다. 『시경』에도 「상송商頌」과 「주송周頌」이 있지만 그것은 조상에게 제사를 올릴 때 쓰이던 작품들일 뿐입니다. 북극성에 제사를 올리는 것은 바로 최고의 신인 상제上帝에게 제사를 올리는 일이죠. 고대를 통틀어 봐도 오직 이 자료만 남아 있어요. 천만다행이고 참으로 진귀한 자료입니다. 굴원에 대해서는 모두 잘 알고 있을 겁니다. 만약 모르는 사람이 있다면 제가 참으로 운이 나쁜 경우를 만났다고 인정할 수밖에 없어요. 다른 방법은 없습니다.

먼저 다음을 보겠습니다.

동황태일東皇太一

길한 날짜 좋은 시절,
공경스럽게 상제를 기쁘게 하려네.
장검을 어루만지며 칼끝 옥고리까지 손을 뻗으니,
패옥은 댕그랑 소리 내며 찬란하게 반짝이네.

아름다운 돗자리는 옥돌로 사면을 눌러놓았으니,
옥 같은 꽃을 어찌 받들어 올리지 않으리오?

혜초로 싼 돼지고기를 찌며 난초를 바닥에 깔았고,

계피술을 올리고 산초 장을 진설하네.

북채를 휘둘러 북을 치면서,

느릿느릿 박자에 맞춰 편안히 노래 부르고,

우箏와 슬瑟을 벌려 놓고 연주를 선도하네.

무당은 절뚝절뚝 춤추며 고운 옷을 입었는데,

꽃향기가 퍼지며 방안에 가득 차네.

오음五音이 분분히 울리며 두루두루 호응하니,

신령은 기뻐하며 유쾌하게 즐기시네.

吉日兮辰良,

穆將愉兮上皇.

撫長劍兮玉珥,

璆鏘鳴兮琳琅.

瑤席兮玉瑱,

盍將把兮瓊芳.

蕙肴蒸兮蘭藉,

奠桂酒兮椒漿.

揚枹兮拊鼓,

疏緩節兮安歌,

陳竽瑟兮浩倡.

靈偃蹇兮姣服,
芳菲菲兮滿堂.
五音紛兮繁會,
君欣欣兮樂康.

세 단락으로 되어 있어서 길다고는 할 수 없지만 내용이 아주 풍부합니다. 제가 해설해보겠습니다.

첫째 구절은 '길일혜신량吉日兮辰良'입니다. 지금도 '양신길일良辰吉日'이란 말을 씁니다. '좋은 시절과 길한 날짜'라는 의미이므로 이해하지 못할 부분은 없죠. 시간을 선택하는 건 참 중요합니다.

둘째 구절은 '목장유혜상황穆將愉兮上皇'입니다. '목穆'은 공경한다는 의미입니다. '유혜상황愉兮上皇'에서 상황은 바로 동황태일東皇太一입니다. 전체 의미는 공경스럽게 오락을 하여 상제를 즐겁게 한다는 뜻입니다. '공경스럽게 오락을 한다'는 말을 지금 사람들은 모순이라고 느낄 겁니다. 오락이라는 말을 언급할 때 세속적인 즐거움이란 의미를 담기 때문입니다. 이것이 문제가 되는 것이죠. 무巫의 시대에는 가능한 한 모든 힘을 다하여 신을 즐겁게 합니다. 대상이 신이기 때문에 에로틱한 즐거움을 포함한 어떤 즐거움도 모두 공경으로 간주됩니다. 지금은 신이 사라졌죠. 니체는 "신은 죽었다"고 했어요. 심각한 상황이 된 거죠. 끝났다고 할 수 있을 정도죠.

셋째 구절은 '무장검혜옥이撫長劍兮玉珥'입니다. 제사장의 동작이 시작됐습니다. '무撫'는 칼을 아래로 내리지 않고 위로 높이 쳐든 모습입니다. 칼을 쳐들고 어루만지며 숭배와 존경을 표시하는 동작이죠.

어디까지 어루만질까요? 칼의 '이珌' 부분까지 손을 뻗칩니다. 이珌
는 칼끝의 고리인데, 옥으로 만듭니다.

그 다음 넷째 구절은 '구장명혜림랑璆鏘鳴兮琳琅'이죠. 몸이 떨리기
시작하면서 온몸의 패옥이 서로 부딪치며 소리를 냅니다. '구장璆鏘
(qiúqiāng)'은 발음이 '구창求槍(qiúqiāng)'과 같습니다. 옥이 부딪치
는 소리를 나타내는 의성어로 청각적인 효과를 불러오죠. '림랑琳琅'
은 옥을 시각적으로 형상화한 어휘입니다. 지금도 린랑만무琳琅滿目
란 말을 씁니다. '옥처럼 찬란한 물건이 눈에 가득하다'라는 뜻이죠.

제사장이 몸을 떨기 시작하면 다른 것은 어떻게 될까요?

둘째 단락 첫째 구절은 '요석혜옥전瑤席兮玉瑱'입니다. '요瑤'는 아름
다운 옥美玉이고, '요석瑤席'은 미옥처럼 아름다운 자리죠. 저는 본 적
이 없어서 어떤 것인지 모릅니다. 아마도 자리를 짠 직물의 문양과 색
채가 정교함을 나타내는 듯합니다. 그러나 자리의 네 귀퉁이를 눌러
놓은 누르개와는 구별이 됩니다. '전瑱'는 옥으로 만든 누르개입니다.

둘째 구절은 '합장파혜경방盍將把兮瓊芳'이죠. 두 손으로 옥과 같은
꽃을 들었습니다.

셋째 구절은 '혜효증혜란자蕙肴蒸兮蘭藉'입니다. '혜蕙'는 향초인데 향
초로 싼다는 뜻입니다. '효증肴蒸'은 돼지 사태 찜인데 바닥에 난초
를 깔았죠. 지금은 사태 찜이나 족발 찜 요리를 할 때 연잎조차도 깔
지 않습니다. 그러나 중국 서남 지역에서는 아직도 이런 찜 요리법을
사용합니다. 내친 김에 '찜 요리蒸'에 대해 좀 말씀드리고자 합니다.
전 세계에서 오직 동아시아에만 찜 요리가 있습니다. 다른 지방에서
는 모두 굽습니다烤. 물론 우리에게도 굽는 요리가 있죠. 굽는 요리

법은 인류가 발견한 것입니다. 숲속에서 불이 나면 짐승과 새가 굽히죠. 그럼 맛있는 냄새가 납니다. 그래서 그 방법을 배워서 굽게 되었죠. 찌는 요리법은 발명한 것입니다. 먼저 밀폐된 용기를 만들어야 합니다. 증기의 열과 밀폐된 용기를 이용하여 고압으로 쪄냅니다. 발효시킨 밀가루 덩어리를 구워내면 구운 빵이 되고, 쪄내면 찐 만두가 됩니다. 새끼 돼지를 굽는 건 비교적 거친 요리법입니다. 그러나 새끼 돼지를 먼저 찐 후 껍질에 향료를 발라 부드럽게 하고 다시 소나무 땔감으로 그을면 정말 맛있습니다. 채도시대에 벌써 찜솥이 있었고, 청동기시대에도 있었는데 그것을 '언甗(yǎn)'이라고 불렀죠. 이 글자의 발음은 현대의 '안眼(yǎn)'과 같습니다. 또 부수로 쓰인 '와瓦'는 도기陶器에 근원을 두고 있죠. 찜 요리는 인류가 처음으로 발명한 증기 이용법입니다.

넷째 구절은 '전계주혜초장奠桂酒兮椒漿'입니다. '계피술桂酒'과 '초장椒漿'은 기실 환각 효과가 있는 재료로 만든 도수가 낮은 술인데 사람들이 마신 후 기분 상태가 좋아집니다. 계피와 산초에는 모두 경미한 환각 효과가 있죠. 기실 굴원이 언급한 식물과 동물은 모두 신내림을 위한 것으로 특히 식물은 환각을 불러 일으켜 무당의 인도 아래 신과 쉽게 소통하게 됩니다. 신에게 제사를 올린 후 제사장이 음복하면 신을 맞이할 수 있죠.

다섯째 구절은 '양포혜부고揚枹兮拊鼓'입니다. '포枹(fú)'는 '부浮(fú)'와 발음이 같습니다. 북채를 가리키죠. '부拊'는 '부府'와 발음이 같고 친다는 뜻입니다. 옛사람들은 소가죽으로 만든 북을 쳐야 그 소리가 하늘에 닿을 수 있다고 생각했어요. 이것은 제천祭天 행사 때 사용하는 희생 중에서 소를 가장 고급 제물로 여기는 인식과 관련되어 있습니다. 저는 지난 시절 윈난에 막 도착했을 때 마을에서 무소를 잡는 걸 구경했습니다. 그런데 벗겨낸 소가죽을 아무도 가져가지 않는 거예요. 그리고 그곳 사람들이 말하기를 아무도 가져가지 않으니 네가 가져가라고 해요. 네가 가져가! 네가 가져가! 하기에 결국 제가 가져가려 했는데 너무나 무거워서 도저히 들어 올릴 수가 없었죠. 그러자 마을 사람들이 모두 저를 둘러싸고 한바탕 웃음을 터뜨리는 거예요. 축축한 무소 가죽에 생석회를 발라서 직접 북을 메웁니다. 가죽을 단단하게 고정하고 나서 말리면 자연히 팽팽하게 당겨지죠. 그것을 치면 엉덩이 살까지 진동할 정도니, 기타 부위야 더 말할 필요도 없죠. 북채를 들고 소가죽으로 만든 북을 두드리면 이제 열기가 달아오르겠죠.

그러나 사실은 그렇지 않습니다.

여섯째 구절은 '소완절혜안가疏緩節兮安歌'입니다. 현재 상용되는 말 중에 '생활의 리듬이 빠르다'라는 표현이 있습니다. 기실 이것은 잘못된 말입니다. 리듬은 하나의 형태죠. 세 박자와 네 박자 등으로 구성되는데 어떻게 리듬이 빨라지고 느려질 수 있겠습니까? 사실은 속도가 빨라지고 느려지는 것이죠. 구식 사교춤에 느린 삼보三步와 빠른 사보四步는 있지만 리듬의 형태는 바뀌지 않고 속도가 느리고 빠르게 바뀔 뿐입니다. 이 때문에 이 구절의 '소완절疏緩節'이란 말은 북을 좀 치다가 좀 쉬고 또 다시 치는 동작을 반복하는 것이죠. 기실 이 동작은 느리지만 매우 효과적입니다. 일정한 상태의 역량을 조금씩 모아서 한꺼번에 폭발시킵니다.

일곱째 구절은 '진우슬혜호창陳竽瑟兮浩倡'이죠. 리듬이 안정되면 '우竽'와 '슬瑟'이 큰소리로 연주를 선도하기 시작합니다. '창倡'은 선도한다는 뜻입니다. 지금도 '창의倡議'라는 말을 쓰죠. 가장 먼저 의견을 제안한다는 의미입니다. 천천히 큰소리로 연주하는 것은 공경의 뜻을 포함하고 있습니다. 첫째 단락 두 번째 구절 시작 부분에 '목穆' 자가 있었음을 기억하시죠? 그것도 바로 이런 뜻입니다. 우竽는 생笙과 다릅니다. 생笙은 고음을 내는 악기이고 연주법도 복잡합니다. 악기 구멍을 막는 손가락 동작을 조합하여 선율을 만들어내죠. 우竽는 간단한 저음 악기인데 구멍은 있지만 매우 큽니다. 멜빵을 등에 걸고 연주합니다. 서양 악기 바순Bassoon이 바로크 음악의 통주저음Thorough Bass을 책임지는 것과 유사하죠. 이 때문에 '남우충수濫竽充數'[35]란 고사성어가 생겨났습니다. 우竽는 부는 방법이 단순하기 때문에 배우고 훈련하여 자리를 채울 가치가 없다는 의미죠. 즉 엉터리로 자리를 차지하고 있어도 된다는 뜻입니다. 그러나 기실 우竽 연주는 자리를 채우기가 매우 어렵습니다. 왜냐하면 폐활량이 커야 하고 체력이 좋아야 하기 때문입니다. 그렇지 않은 사람이 우竽를 오래 불면 바로 어지럼증을 느끼고 쓰러지죠. 저는 우竽에서 나오는 저음을 매우 좋아합니다. 그것은 마치 대지의 숨소리와 같습니다. 이 때문에 이 악기가 제천 행사에서 대지를 대표하는 의미를 담게 된 것이겠죠. 먀오족은 지금까지도 우竽를 사용합니다. 연주할 때 동작은 아주 간단한데 그것은 바로 자신이 선 자리에서 천천히 원을 그리며 도는 거죠. 이상하게도 현대의 민속악단에는 우竽가 없어요. 기실 우竽와 생笙을 조합하면 파이프오르간과 유사한 장치를 만들 수 있습니다. 바흐의 음악적 성취는 바로 파이프오르간에 있죠. 그의 대환상곡과 푸가fuga BWV 542에 저는 미친 듯 빠져든 적이 있습니다.

자! 셋째 단락이 시작되었습니다. 엑스터시 상태로 들어가는군요.

첫째 구절은 '영언건혜교복靈偃蹇兮姣服'이네요. '영靈'은 바로 무당巫입니다. 이때 그들은 어떤 모습일까요? '언건偃蹇'의 '언偃'은 몸을 굽히는 동작이고, '건蹇'은 다리를 저는 모습입니다. 이 두 가지 자세를 조합하여 춤을 춥니다. 강한 체력과 높은 난이도를 요구합니다. 광란의 상태에서만 변화하는 동작을 이어갈 수 있죠. 소위 우보禹步[36]가 그것입니다. 그리고 '교복姣服'은 아름다운 옷을 입은 모습입니다. 이러한 춤 동작은 현대의 춤과 유사합니다. 마사 그레이엄Martha Graham(1894~1991)이 보여준 수축, 이완, 반복, 두드림의 춤 동작은 전통 발레에서 흔히 보여주는 하늘을 향한 솟구침의 춤 동작이 아니죠. 지난 세기 초 러시아 스트라빈스키Igor Fedorovitch Stravinsky(1882~1971)는 「봄의 제전Le Sacre du Printemps」을 작곡하여 러시아의 샤머니즘을 표현했습니다. 곡이 너무나 거칠고 야만스러워서 첫 공연 때 러시아 관중을 격분시켰어요. 작곡가는 현장에서 두드려맞았죠. 톨스토이, 도스토예프스키, 솔제니친 등과 같은 동방정교 신도들도 현장에 있었다면 마찬가지로 작곡가를 팼을 겁니다. 또는 담론 권력을 이용한 문장으로 그를 질책했겠죠. 쇼스타코비치Dmitri Shostakovich(1906~1975)는 회고록에서 러시아의 미친 수도승을 언급했는데 그들이 바로 샤먼입니다. 그가 추구한 음악의 본질이 바로 샤먼이었죠.

동시에 둘째 구절을 보죠. '방비비혜만당芳菲菲兮滿堂'입니다. '당

堂'은 큰 방이죠. 문 밖이 아니라 방안에 꽃향기가 가득 찬 것입니다. 바로 앞 둘째 단락에서는 미각이 가득했는데 이 구절은 후각입니다. 미각은 쓴맛, 신맛, 단맛, 매운맛 등이 있을 뿐인데 후각은 매우 복잡하고 민감하여 청각이 하모니를 느끼는 것과 유사합니다. 개가 자기 주인의 손님을 판별하는 방법은 바로 손님의 후각과 소리를 기억하는 것이라고 합니다. 사람마다 다른 후각과 소리를 개가 기억하는 것이죠. 주인은 향수의 유형을 바꿔서 애완동물을 징벌한다고 합니다. 왜냐하면 후각의 조합이 바뀌면 동물은 다시 기억해야 하니까요. 마찬가지로 주인이 죽으면 죽음의 냄새가 향수를 바꾸는 것과 비슷한 작용을 한다고 합니다. 그것은 동물의 단백질이 발효하는 냄새죠. 이를 봐도 개는 본능적인 후각형 동물이란 걸 알 수 있습니다. 그래서 들개는 시체를 먹을 때 눈에 핏발을 세우며 멈추지를 못합니다. 결과적으로 동물의 단백질이 발효하는 냄새가 주인의 본래 냄새에 섞여 들면 개가 멍청해집니다. 그것은 개에게 먹거리일까요? 아니면 주인일까요? 아! 마음속에서 슬픔이 우러나는군요.

셋째 구절은 '오음분혜번회五音紛兮繁會'로군요. '오음五音'은 궁宮, 상商, 각角, 치徵, 우羽입니다. 궁宮은 주음主音으로 북극성 태일太一에 호응하죠. '선궁전조旋宮轉調'[37]란 말이 있습니다. 상음, 각음, 치음, 우음이 주음이 되면 음조가 바뀐다는 뜻입니다. 선진시대 음악 체계는 결코 오도상생률五度相生律(서양의 피타고라스 음률과 유사함)에만 의지한 것이 아니라 순률純律인 12음률도 있었죠. 후베이에서 출토된 증후을편종曾侯乙編鐘이 바로 12음률 체계로 되어 있는데 거의 굴원과 동시대 유물입니다. '번회繁會'는 음률이 서로 호응하는 것입니다. 화음도 있고 불협화음도 있습니다. 그것은 숭배와 광란을 의미합니다.

마지막 넷째 구절은 '군흔흔혜락강君欣欣兮樂康'입니다. '군君'은 그대 즉 신이죠. 동황태일東皇太一입니다. 신이 기쁘고 즐겁고 건강하게 되었다는 뜻입니다. 음! 건강하다니, 신이 어떻게 병이 날 수 있을까요? 따라서 이 구절의 '강康'은 유쾌하고 명랑하게 되었다는 의미에 가깝겠지요. 신에게 제사 지낼 때는 제사 의례가 치밀하지 못하여 신이 기뻐하지 않을까봐 두려워하게 되므로 신을 유쾌하게 만들어야 됩니다.

신의 모습을 적절하게 묘사할 수 있는 한 글자가 있을까요? 없습니다. 『노자』에서 말하기를 "큰 음악은 소리가 없고, 큰 형상은 모습이 없다大音希聲, 大象無形"[38]라고 했죠. 대大는 태太와 통하고, 태일太一은 동황태일입니다.

굴원의 「이소離騷」와 「구가」는 전통적인 시가문학의 텍스트입니다. 나는 지금까지 시가문학으로만 이해하다가 낭패를 봤습니다. 이 작품들은 다양한 성격이 포함되어 있는 종합적 양식입니다. 문학으로만 본다면 그것은 작은 밑반찬에 불과하게 됩니다. 문학은 어떻게 굴려봐도 고전 전통에서 현대 아방가르드에 이르기까지 시종일관 의미에 제한을 받게 되죠. 의미는 문학의 뼈대로 작용합니다. 여러분은 이 동황태일을 말하면서 한 가지 의미만을 가리킵니까? 여러분이 말하는 것은 광의의 의미입니까?'

중국 문명의 조형 기원은 천상天象에 있다

아래의 몇 가지 기물을 저는 량주문화 시기의 별자리 그림星象圖이라고 인식합니다. 크기가 다른 옥구슬로 서로 다른 별무리를 표현하고 있죠. 붉은 칠을 한 도안은 별자리를 연결하는 표시일 겁니다.

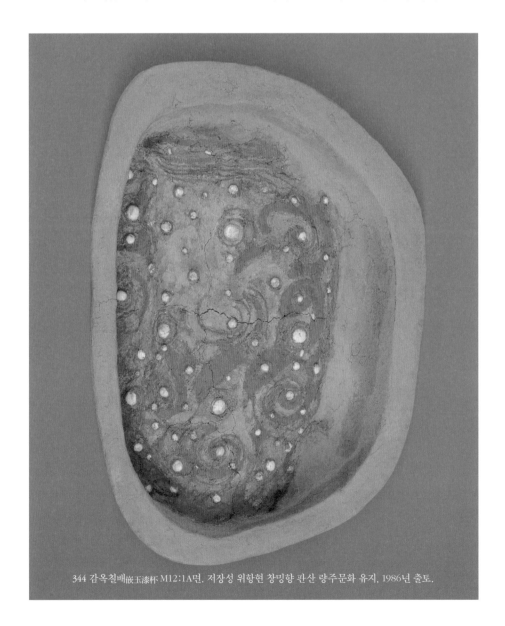

344 감옥칠배嵌玉漆杯 M12:1A면. 저장성 위항현 창밍향 판산 량주문화 유지, 1986년 출토.

중국 고대의 별자리를 잘 아는 전문가는 바로 알아차릴 수 있겠죠.

이 유물들은 우리가 목전에 찾아볼 수 있는 세계에서 가장 오래된 천문도일 겁니다.

천극신 부호를 식별하기 위한 강의는 여기에 이르러 일단락을 고합니다.

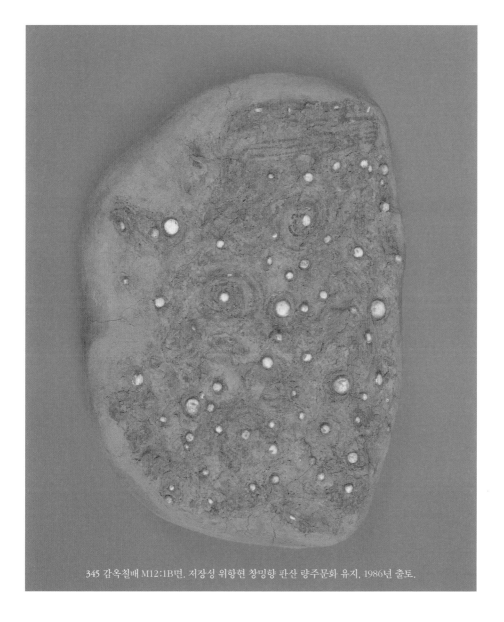

345 감옥철배 M12:1B면, 저장성 위항현 창밍향 판산 량주문화 유지, 1986년 출토.

346 감옥원형칠기嵌玉圓形漆器 M12:12~58, 68. 저장성 위항현 창밍향 판산 량주문화 유지, 1986년 출토.

천극과
선진철학 先秦哲學

중국에서 철학이나 역사는 모두 평생토록 배워도 완성할 수 없는 학문이죠. 게다가 주석가도 개미처럼 많고 학파도 수풀처럼 병립해 있습니다. 따라서 서로 비난의 화살을 비오듯 퍼부으며 상처를 입히는 형국이 금방 나타나기도 합니다. 이는 화가들의 상황과는 완전히 다릅니다. 화가들은 다른 사람이 질문하면 도도한 자세로 "이건 내 스타일이고, 내 마음 속으로 이렇게 생각한 것입니다"라고 말할 수 있죠. 한 가지 신선한 수법을 발휘하고 나면 예술가는 바로 교만을 부릴 수 있습니다.

그러나 여러분이 다소간이든 아니면 적지 않은 양이든 중국 철학이나 역사에 대해 지식을 갖고 있다 하더라도, 또 그것을 어떻게 공부한 것이든 상관없이, 제가 여러분과 학문적으로 교류를 나누기는 매우 어려울 겁니다. 기실 제가 관찰한 바에 따르면 화가들은 말을 아주 잘 합니다. 첫째, 그들은 서구인을 만나면 바로 중국 이야기를 하고, 중국인을 만나면 바로 서구 이야기를 하는데 정말 눈이 휘둥 그레질 정도입니다. 둘째, 중국 이야기 중에서도 특히 철학 이야기를 하기 시작하면 정말 오묘한 논리를 전개하더군요. 무슨 도道니 선禪이니 하면서 말입니다. 저 같은 사람은 한 마디 끼어들 틈도 없더군요.

이러한 종류의 강의는 본래 옛날 방식으로 판에 박힌 것처럼 진행할 수도 있습니다. 이 부문과 관련하여 체계적으로 저술된 서적도 매우 많고 교재도 다양합니다. 마음대로 한 권 뽑아서 대충 얼버무릴 수도 있죠. 하지만 우리의 강의는 벌써 이 지점에 이르러 천극을 잡아냈고, 그 조형이 신석기시대까지 거슬러 올라간다는 사실을 알았습니다. 또 고대의 천문 체계 즉 우주관을 잡아내어 그 이후로 지속된 맥락까지 찾아냈습니다. 여러분은 그 조형의 맥락을 바탕으로 다양한 도안을 쉽게 이해할 수 있게 되었습니다.

하지만 제가 정리한 이 맥락은 선진철학을 하나의 총체 또는 하나의 문명 연속체로 간주하고 정리해낸 것입니다. 이것은 벼리綱입니다.

고기 잡는 투망을 본 적이 있습니까? 투망을 펼칠 때 투망 중간에 있는 끈을 잡아들어야 하는데 이 끈을 벼리라고 하죠. 그것은 그물 가장자리에 달려 있고, 이 벼리를 들면 전체 투망이 순조롭게 위로 들리죠. 게다가 투망의 아랫자락에는 모두 작은 추가 달려 있습니다. 이후 잘 들린 투망을 왼쪽 방향 즉 시계 반대 방향으로 돌려 잡고 이렇게 다시 오른쪽을 향해 던지면 그물이 시계 방향으로 넓게 펼쳐지죠. 그 후 수면 위에 넓게 덮여 천천히 가라앉게 되는데 운이 좋으면 물고기를 잡을 수 있습니다. 저는 이전에 웬난 산골 마을에서 투망질을 하며 놀았는데 몇 사람이 독주까지 갖고 왔어요. 그 독주는 화학비료에 쓰이는 질산암모늄 거품과 사탕수수 찌꺼기로 증류해낸 아주 저급한 술이었죠. 저는 그 저급 술을 마시다가 몸이 망가졌어요. 아이큐는 본래 높지 않았는데, 그 술을 마시고는 더욱 낮아졌고 엎친 데 덮친 격으로 편두통이 생기면서 기억력도 크게 감퇴했습니다. 그래서 기본적으로 엄숙한 일은 생각할 수 없게 되었고 단지 소설 따위나 쓰는 가벼운 지능 활동만 할 수 있게 되었습니다. 당시 이야기를 조금만 더 해볼까요? 그 산골마을 친구들은 우리가 독주를 들고 있는 걸 보면 아주 즐거워하며 서둘러 한 가지 일을 벌입니다. 닭은 모두 쫓아버리고 대나무 벽에 걸어뒀던 투망을 가져옵니다. 고기를 잡으러 가냐고요? 아닙니다! 그들은 이 투망을 손에 들고 땔나무 더미에 던집니다. 그렇게 투망을 펼치고는 몽둥이로 땔나무 더미를 두드리죠. 그럼 그 속에 있던 쥐들이 사방으로 뛰쳐나오다가 전부 그물눈에 걸립니다. 그물눈網眼을 그곳에서는 '무目'라고 부르는데 "벼리를 들고 '무'를 펼치면網擧目張" 쥐들이 '무'에 걸려서 오도 가도 못하게 되죠. 그런 다음 그물을 들기만 하면 쥐를 잡을 수 있습니다. 잡은 쥐는 대나무 꼬챙이로 항문에서 위로 꿰어 숯불에 굽습니다. 이것이 바로 "인구에 회자膾炙하다"라고 할 때의 그 '자炙(구운 고기)'입니다. 그럼 '회膾'는 뭐냐고요? '회膾'는 잘게 썬 생고기죠. 따라서 일본의 사시미刺身는 어회魚膾라고 불러야 합니다. 자! 이제 쥐가 잘 익었네요. 그럼 쥐의 몸을 입으로 불면 털이 모두 날아가고 갈색 쥐가 흰색 쥐로 변합니다. 그걸 안주 삼아 계속 술을 마십니다. 쥐고기는 정말 맛있어요. 고기가 세밀하고 부드럽고 얇죠. 안타까운 것은 쥐 한 마리에서 그렇게 많은 고기를 발라낼 수 없다는 점입니다. 요즘 거리에서 파는 양꼬치羊肉串에 쥐고기를 섞어 넣는다고 하죠. 그런데 만약 여러분이 그 양꼬치에서 쥐고기를 식별해낼 능력이 있다면 그건 축하받을 일입니다. 여러분은 아주 귀한 음식을 드시는 셈이니까요.

다시 천극과 선진철학으로 돌아가겠습니다. 옛날에는 개인 저작이 없었습니다. 공자는 춘추 말기 사람인데 옛일을 서술만 하고 자신의 창작은 하지 않았죠. 『논어』도 공자 자신이 지은 것이 아니라 제자들이 스승의 어록을 모은 것입니다. 증자가 공자의 학문을 제자들에게 가르칠 때 증자의 제자들이 필기한 노트라 해야 합니다. 그래서 『논어』 앞부분에 "증자께서 말씀하셨다. 나는 하루에 내 몸을 세 번 반성한다曾子曰, 吾日三省吾身"[39]라는 대목이 나옵니다. 이것은 증자 제자의 말투죠. 선진시대에는 귀족의 등급을 공公, 후侯, 백伯, 자子, 남男으로 나누었는데 뒤에 이중에서 '자子'를 존칭으로 사용하게 됐습니다. '얼쯔兒子(아들)' '뉘쯔女子'란 말도 모두 존칭이었죠. 다만 불행하게도 '쑨쯔孫子' '라오포쯔老婆子(마누라)' '라오터우쯔老頭子(늙은이)' 등은 비속어가 됐고, '라오예쯔老爺子(어르신)'는 아직도 존칭입니다.

그럼 언제부터 개인 저작이 나오기 시작했을까요? 전국시대입니다. 굴원의 「이소」와 「구가」, 이이李耳의 『노자』, 장주莊周의 『장자』, 맹가孟軻의 『맹자孟子』, 순황荀況의 『순자荀子』 등과 같은 제자백가의 저작이 전국시대부터 시작됩니다. 그것은 바로 우리가 앞서 강의에서 봤던 천극신 부호가 철저하게 사라지는 시기에 해당합니다. 개인 저작이 다량 출현하면서부터 백가쟁명이 일어납니다. 한 번 시작되자 걷잡을 수 없게 되어 유가, 도가, 묵가墨家, 법가法家, 명가名家, 농가農家, 종횡가縱橫家(유세가), 음양가陰陽家, 수술數術(점술), 방기方技(의약) 등등의 학파가 계속 나옵니다. 그러나 우리가 항상 화제로 삼아야 할 학파는 대체로 유가와 도가입니다. 재미있는 것은 공자의 조상도 송宋나라 사람이고, 묵자도 송나라 사람이고, 장자도 송나라 사람이란 사실입니다. 노자는 초楚나라 사람이지만 송나라에 가깝죠. 주周 무왕은 주왕紂王(기원전 1105~기원전 1046)을 정벌하여 상나라40를 멸망시킨 후 주왕의 아들 무경武庚을 상나라 옛 땅인 상구商丘에 봉합니다. 나중에 무경이 관숙管叔·채숙蔡叔과 함께 반란을 일으키자 주나라에서는 주왕의 서형庶兄인 미자微子 계啟를 제후로 봉하고 그 나라 이름을 송宋이라 했어요. 따라서 송나라는 상나라 유족이 모여 살던 나라입니다. 그럼 송나라가 춘추시대의 새로운 사상에 영향을 끼쳤다고 말할 수 있을까요? 장광즈 선생은 줄곧 상나라 문명에 대해 관심을 기울인 분인데요. 1990년 이후에는 직접 상구로 답사를 갔고, 1994년부터는 또 중미연합고고대中美聯合考古隊를 조직하여 상구에서 발굴을 진행했습니다. 당시에 10여 미터를 파들어가서 춘추시대 송나라 성벽을 발견했죠. 제게 장 선생이 1997년 상구 발굴 현장에서 찍은 사진이 있습니다. 당시에 장 선생은 중병을 앓고 있어서 서 있을 수조차 없었습니다. 두 사람이 그를 부축하는 가운데 바람이 그의 머리카락과 옷깃을 휘날리는 사진이죠.

먼저 유가 즉 원시유가의 공자에 대해 말씀드리겠습니다.

공자는 동주시대인 춘추 말기에 생존했던 사람인데, 그때가 바로 청동기에서 천극신 부호가 사라진 시대입니다. 공자는 태묘太廟에 들어가서 모든 제사 절차에 대해 물었지만 천극 부호는 이미 사라진 뒤라 물을 수조차 없었죠. 그는 또 "봉황이 날아오지 않고 하수에서 그림이 나오지 않는다鳳鳥不至, 河不出圖"라고 탄식했습니다. 여기에서도 우리는 상나라 시대와 서주 초기·중기까지 전해지던 천극과 사신四神 조형 체계가 공자 시대에 이미 실전되었음을 알 수 있습니다. 하지만 은하와 청룡은 영원히 하늘에 존재하는데 어떻게 은하에서 청룡 그림이 나오지 않을 수 있을까요?

공자는 주례周禮를 존중했지만 만년에는 은상殷商에 깊이 빠져들어 주례는 은례殷禮를 계승했다고 말했죠. 우리는 서주 초기 청동기와 상나라 말기 청동기를 비교하는 수업을 통해 천극신 부호의 계승 관계를 살펴봤습니다. 공자는 세상을 떠나기 전에 자신의 관棺이 동쪽 계단에 놓여 있는 꿈을 꿨죠. 그래서 자신은 기실 은나라 후예임을 의식합니다. 왜냐하면 은례에 따르면 사람이 죽은 후 관을 동쪽 계단에 안치하기 때문이죠. 유가의 내력에 대해서는 후스胡適(1891~1962) 선생이 자신의 저서 『유가 해설說儒』에서 깊이 있게 토론한 바 있습니다. 그러나 다행히 의론체 필기 텍스트인 『논어』가 남아 있기 때문에, 우리가 유가의 연원에 대해서는 잘 이해하지 못하더라도 공자라는 구체적인 인물의 사상 맥락에 대해서는 분명하게 이해할 수 있습니다.

공자는 중국 문명 사상 아주 핵심적인 각성자의 한 사람입니다.

저는 여러분에게 『역사의 기원과 목적The Origin and Goal of

History』이란 책을 추천해드립니다. 저자는 칼 야스퍼스Karl Theodor Jaspers(1883~1969)입니다. 이 책이 지금 중국어로 완역본이 나오는지 모르겠습니다. 저는 이전에 친구의 소개로 1963년 상무인서관에서 출간한 『실존주의 철학存在主義哲學』을 통해 읽었어요. 이 책은 일종의 자료집이었는데 야스퍼스를 부르주아 철학가로 소개하고 그를 비판하려는 의도를 내포하고 있었죠.

야스퍼스는 독일 사람입니다. 본래 정신분석가로 출발했죠. 프로이트 계열은 아니고 융 계열입니다. 융은 본래 프로이트의 제자였지만 나중에 서로 분파가 갈라지죠. 야스퍼스는 이후 철학으로 방향을 바꾸고 실존철학을 연구하여 철학자가 됩니다. 제2차 세계대전 전에 나치 독일에서 유대인을 핍박하기 시작하자 야스퍼스도 자신의 아내가 유대인이었기 때문에 유대인 아내와 이혼하든지 교수직을 내놓든지 두 가지 중에서 하나를 선택하라고 경고를 받습니다. 그러나 야스퍼스는 아내와 이혼하지 않죠. 그의 아내는 남편 학문의 앞날을 위해 주도적으로 이혼하겠다고 했지만 야스퍼스는 내가 만약 이혼한다면 나의 철학은 존재 의의가 없어진다고 했죠.

이후 야스퍼스 부부는 독일을 떠날 수밖에 없었습니다. 야스퍼스는 1949년 『역사의 기원과 목적The Origin and Goal of History』이란 책을 발표하고, 1969년 스위스에서 세상을 떠납니다.

프랑스 사르트르의 실존주의와 야스퍼스의 실존철학은 좀 다릅니다. 야스퍼스의 'Existentialist Philosophy'는 실존철학이고, 사르트르의 'Existentialism'은 실존주의죠. 야스퍼스는 나치에 맞서서 차라리 자신을 희생할지언정 굴복하지 않았습니다. 그런데 사르트르는 중국의 문화대혁명을 칭찬했죠. 이 두 가지 사건으로 인해 훌륭한 철학을 한 이 두 친구는 좀 모호하게 되었습니다. 야스퍼스는 특히 두 사람의 사상이 다르다는 사실을 구분하여 밝힌 적이 있습니다.

야스퍼스는 인류가 기원전 800년에서 기원전 200년 사이에 공통적인 각성기를 보냈다고 인식했습니다. 그는 그 시기를 'Axial Period'라고 불렀는데 그것은 '축軸의 시대' 혹은 '축심기軸心期'라는 뜻입니다. 그는 인류가 대체로 그 시기를 전후하여 각성했다고 인식하고 있죠. 소위 각성이란 물론 무巫의 시대에 대한 각성이고 그때부터 개인의식이 생기기 시작했음을 의미합니다. 무巫의 시대는 몽매하여 집체의식만 있었다는 거죠. 혹은 융은 그것을 집단무의식 또는 잠재의식이라고 불렀습니다. 서구에서는 고대 그리스의 철학자 아리스토텔레스 등 일련의 인물들, 유대의 선지자들, 그리고 동방에서는 인도의 석가모니와 중국의 제자백가 등이 모두 이런 각성자에 속합니다.

청나라 말기 옌푸嚴復(1854~1921)도 야스퍼스와 유사한 감탄을 한 적이 있지만 야스퍼스처럼 완전한 개괄과 깊이 있는 인식을 하지는 못했습니다. 야스퍼스의 깊은 인식으로 인류의 개인 각성이 시작되었다는 사실을 깨달았을 뿐만 아니라 이는 이후 역사 속에서도 우리가 곤혹스런 상황에 처할 때마다 그 당시 각성의 가치를 다시 사고하여 재출발할 수 있게 해줬습니다.

공자의 각성은 우선 "선생님께서는 괴력난신怪力亂神에 대해 말씀하지 않으셨다子不語怪力亂神"[41]는 말에 잘 표현되어 있습니다. 괴력난신은 네 글자로 끊어 읽어야 합니다. 즉 기괴한 일怪, 폭력을 쓰는 일力, 어지럽히는 일亂, 귀신에 관한 일神을 가리킵니다. 이 네 가지는 거의 무巫 시대의 몽매함을 개괄한 말입니다. 공자는 비록 귀신에 대해서는 이야기하지 않았지만 하늘天에 대해서는 이야기했어요. 공자는 여러 차례 "하늘이 나를 죽이려 한다天喪子"고 말하면서 자신의 극단적인 감정을 드러냈죠. 공자의 개념에는 귀신과 하늘이 구분되어 있었습니다. 이러한 사실에서도 알 수 있는 바와 같이 공자 시대의 사회에는 걸핏하면 괴력난신이 횡행했고 이 때문에 제자들이 특별히 "선생님께서 괴력난신에 대해 말씀하지 않으셨다"라고 기록해놓은 것입니다. 아마도 적지 않은 제자가 항상 공자에게 이 부문의 문제를 질문했지만 모두 면박을 당했던 것 같습니다. 예를 들면 자공子貢이 한번은 공자에게 사람이 죽은 후에 어떻게 되느냐고 물었죠. 그러자 공자는 "아직 삶도 모르는데 어찌 죽음을 알겠느냐未知生, 焉知死?"[42]라고 대답합니다. 이것은 질문의 요지를 좀 흐린 답변인데요. 삶을 안다는 것이 결코 죽음을 아는 필요조건은 아니죠. 그러나 공자의 짜증 섞인 기분을 읽어낼 수는 있습니다. 그렇더라도 공자는 신에게 "제사를 올릴 때는 신이 존재하는 것처럼 해야 한다祭神如神在"[43]라고 언급한 적은 있습니다. 이 말은 여러분이 만약 신에게 제사를 올린다면 여러분의 주관으로 신이 그곳에 존재하는 것으로 인식해야 한다는 뜻입니다. 따라서 이 말은 기실 정성 혹은 성실에 대한 이야기라고 할 수 있죠. 즉 여러분이 마음속으로 믿지 않는 일을 하는 것은 자기 자신을 속이는 일이 아니냐는 뜻입니다. 자기 자신조차 속일 수 있다면 다른 일은 더 말할 필요가 없게 되는 거죠. 지금 우리의 관점으로 보면 이것은 심리학적인 대답이지 실증적인 대답이 아닙니다. "선생님께서 괴력난신에 대해 말씀하지 않으셨다"면 그럼 선생님께선 무엇을 말씀하셨을까요? 공자의 말씀으로 기록된 문장 중에서 가장 많이 나오는 것은 '인仁'에 대한 이야기입니다.

5·4시기에 학자들은 공자가 언급한 인에 대해 통계를 내서 인에 대한 공자의 정의를 귀납해보려고 한 적이 있습니다. 통계의 결과 공자는 인을 이야기할 때 한 번도 중복된 대답을 하지 않고 모두 다르게 대답했음을 발견했습니다. 이 때문에 인에 대한 공자의 정의를 찾을 수가 없었다는군요. 당시 사람들은 참으로 곤혹감을 느꼈겠죠.

공자는 후세에 나타난 부패한 유학자腐儒가 아닙니다. 부패한 유학자들이 보여주는 특징의 하나는 바로 교조주의죠. 여러분이 소묘와 색채 원리를 배운 후 그것을 교조적인 법칙으로 삼거나 심지어 심미적 표준으로 떠받든다면 여러분은 바로 부패한 예술가腐藝가 됩니다.

공자는 사람들이 인에 대해 물으러 올 때 모두들 상이한 상태로 왔다는 사실을 체감하고, 그들의 상이한 상태를 겨냥하여 타당한 해답을 제시한 것이죠. 공자도 물론 편리함을 추구할 수 있었을 겁니다. 즉 인에 대한 정의를 대문에 걸어놓고, 질문하러 오는 사람마다 곧바로 해답을 얻어 가게 할 수도 있었겠죠. 5·4시기 몇몇 학자는 인에 대한 공자의 모범 답안을 찾으려 했지만 정작 그의 대문에는 인에 대한 정의가 걸려 있지 않다는 사실을 발견했습니다.

나중에 나온 중국 선종禪宗의 공안公案도 마찬가지의 의미입니다.

선종에서는 말로 표현해낸 것은 선禪이 아니라고 인식하는데요. 그런데도 수천수만의 공안을 남겼으니 이 어찌 모순이 아니겠습니까? 본래 무엇이 선이고, 무엇이 조사祖師가 서쪽에서 온 뜻이냐고 물으러 온 수많은 사람은 모두 자신의 구체적인 상황을 갖고 왔고 선사禪師는 그들의 상이한 상황에 맞게 상이한 일깨움을 주었습니다. 1만 구절의 질문을 막을 수 있는 하나의 해답은 없습니다. 애초부터 잘못된 상태로 들어가는 사람에 대해서는 여러 말 하지 않고 몽둥이로 후려 갈겨서 돌려보냅니다. 소위 봉갈棒喝(몽둥이로 때리고 큰소리로 꾸짖음)이란 방법을 써서 원형으로 돌아가게 하고 최초의 상태로 회귀하게 하여 처음부터 다시 시작하게 하는 거죠. 따라서 불교의 선사는 다른 사람의 미묘한 상태를 잘 관찰하는 사람이에요. 수천수만의 공안이야말로 사람의 상태가 천차만별임을 설명해주는 증거죠. 그러므로 사람마다 구별해서 대답하고 말로 표현해낸 것은 선이 아니라는 말과 결코 모순되지 않습니다. 오히려 절묘한 각주라고 할 수 있죠. 공안을 이해하기 어려운 것은 선을 물으러 온 사람의 상태에 대해 아무런 설명도 해주지 않는다는 점 때문입니다. 우리는 선사의 반응에서 역으로 질문자의 상태가 어떤지 추측할 수 있어야 합니다. 마찬가지로 『논어』에서도 우리는 인을 묻는 사람의 상이한 상태를 역으로 추측할 수 있겠죠?

인仁이란 비교적 낮은 경지이지만 기원전 500년 무렵에는 대단한 인간 각성의 기점으로 작용했습니다. 선진시대에서 우리가 주의해야 할 것은 바로 기점입니다.

공자는 예禮에 대해서도 자주 언급했죠. 공자가 예를 언급한 문장

중에서 후세 사람들에게 가장 많이 인용되고 가장 많이 논의된 것
이 바로 아래의 한 단락입니다.

> 안연顏淵이 인仁에 대해서 물었다. 선생님께서 말씀하셨다. "자
> 신을 이겨내고 예禮로 귀의하는 것이 인이다. 어느 날이고 자신
> 을 이겨내고 예로 돌아가면 천하가 인으로 귀의할 것이다. 인을
> 행하는 것은 자신에게 달려 있는 것이지 남에게 달려 있겠느
> 냐?" 안연이 말했다. "그 실천 항목에 대해 여쭙겠습니다." 선생
> 님께서 말씀하셨다. "예가 아니면 보지 말고, 예가 아니면 듣지
> 말고, 예가 아니면 말하지 말고, 예가 아니면 움직이지 말라."
> 안연이 말했다. "제가 비록 불민하지만 이 말씀을 실천하겠습니
> 다顏淵問仁. 子曰, "克己復禮爲仁. 一日克己復禮, 天下歸仁焉. 爲仁由己, 而由人乎
> 哉?" 顏淵曰, "請問其目?" 子曰, "非禮勿視, 非禮勿聽, 非禮勿言, 非禮勿動." 顏淵
> 曰, "回雖不敏, 請事斯語矣."[44]

다시 한 번 간단히 요약하면 내용은 이렇죠. 안연顏淵[45]이 인에 대
해 가르침을 청하자 공자는 자신을 이겨내고 예의 규정에 따라 실천
하는 것이 인이라고 합니다. 그리고 어느 때라도 극기복례克己復禮를
할 수 있으면 천하에 인을 실현할 수 있다고 말하죠. 또 인을 행하는
것은 자신에게 달린 일이라고 강조합니다. 또 안회가 구체적으로 어
떻게 해야 하느냐고 묻자 공자는 위의 네 가지 항목을 하지 말아야
한다고 대답합니다. 그러자 안회는 자신이 비록 불민하지만 말씀에
따라 실천하겠다고 말합니다.

그럼, 앞에서도 말씀드린 것처럼 모든 질문자에게는 구체적인 상태가 있고 안회에게도 자신만의 상태가 있겠죠. 그것이 바로 '불민'한 상태인데 현대의 속어로 말하면 바로 "좀 맹하다有点儿二"란 뜻입니다. 공자는 안회의 그런 상태를 알기 때문에 무슨 오묘한 이야기는 하지 않고 바로 어떻게 실천할 것인지를 가르쳐줍니다. 그것이 바로 네 가지 하지 말아야 할 항목인데, 후세 사람들이 흔히 거론하는 "예가 아니면 하지 말라非禮勿"고 하는 말이 여기에서 나왔죠. 안회는 성실한 사람이어서 선생님의 규정에 따라 실천하겠다고 보증합니다.

둘째, 안회는 본래 인에 대해서 질문을 했는데, 공자는 예로 끌고 갔습니다. 예란 무엇일까요? 예는 바로 사람과 사람 사이의 관계에 대한 행위 규범이죠. 예의 본질은 간단합니다. 예에서 진행하는 의식儀式이란 문화 양식의 상이함에 근거하여 상이하게 행위를 규정하는 것입니다. 예는 아마도 인류 특유의 창조 행위일 것입니다.

저는 여러분에게 로렌츠Konrad Lorenz(1903~1989)의 책을 읽어보시길 권해드립니다. 로렌츠는 오스트리아의 동물심리학자로 1973년에 노벨생리·의학상을 받았습니다. 저는 당시 윈난에 거주하면서 미국의 라디오 뉴스를 통해 그 사실을 알았지만 그들이 왜 이 상을 받는지는 몰랐어요. 당시 노벨생리·의학상은 로렌츠 외에도 두 사람이 공동 수상했어요. 나중에 베이징으로 돌아온 후 다시 1987년 홍콩으로 가서야 로렌츠가 쓴 『공격On Aggression』의 중국어 번역본을 읽었습니다.

로렌츠는 동물의 행위에서 동물의 공격 본능을 밝혀냈습니다. 이로써 동물의 본능에 식욕과 성욕 외에 공격욕이 추가됩니다. 이 사

실은 사람에게 적용해도 마찬가지입니다. 공격은 동물이 식食과 성
性을 쟁취하기 위한 동력입니다. 동물의 이 본능을 밝혀냈기 때문에
그가 노벨상을 받게 된 것이죠.

우리는 공자가 세상을 떠난 지 약 100년 만에 태어난 전국시대의
맹자가 성선설을 주장했다는 사실을 알고 있습니다. 그런데 맹자보
다 약 50여 년 늦게 태어난 순자는 성악설을 주장했어요. 그럼 인성
은 도대체 선할까요? 악할까요?

한 아이가 태어나 조금 자랄 때까지는 선이니 악이니 할 게 없습
니다. 그는 영장류에 속한 작은 동물일 뿐이죠. 조금 더 자라면 먹
을 것을 다투고 울면서 소란을 떱니다. 여전히 동물의 속성을 보이
죠. 따라서 사람의 처음 행동은 바로 동물성에 속합니다. 아이가 다
른 아이와 먹을 것을 다투고 장난감을 다툴 때 공격적인 본능이 뚜
렷하게 시작됩니다. 그때 아이에게 점차 교화를 행해야 하죠. 어떤
것이 좋지 않은 행동이고 옳지 않은 행동인지 훈계하여 그런 행동을
금지해야 합니다. 실제로 선과 악의 구별을 통해 아이를 교화시키기
시작하죠. 예의 기능 중 하나는 바로 교화입니다. 그 속에 포함된 선
과 악의 관념은 도덕적인 판단이죠.

그러므로 소위 악이란 바로 사람의 동물성을 가리키는 말입니다.
우리는 성인 세계의 악에 근거하여 아주 쉽게 판단을 내립니다. 즉
만약 인간의 동물성을 점차 교화하지 못하면 인간은 동물에 불과하
다고 말입니다. 그 동물성은 먹을 것과 성욕의 대상을 쟁탈하려 하
기 때문에 인간의 멸종을 초래할 수도 있죠. 종교에서 말하는 인간
의 원죄와 탐욕은 모두 인간의 동물성을 가리키는 말입니다. 기독교

에서 강조하는 것은 속죄贖罪죠. 불교에서는 자비慈悲를 말하는데요. 비悲는 인간의 동물성 제거를 슬프게 보는 것이죠. 또 자慈는 인간을 보잘 것 없는 동물로 간주하고 깨달음과 성불을 통해 동물의 고해에서 벗어나도록 권면하는 것입니다.

따라서 예의 본질은 자원 점유와 자원 분배 행위에 대한 제한입니다. 이러한 제한을 중국에서는 한 글자로 표현해왔죠. 그것은 바로 '문文'입니다. '문文'은 선천적인 동물성을 나타내는 '무武'에 대응하여 정립된 개념이므로 후천적이며 그것으로 동물성을 속박합니다. 『논어』「팔일」편에서 공자는 이렇게 말했죠. "오랑캐에게 임금이 있다 해도 중원의 여러 땅에 임금이 없는 것보다 못하다夷狄之有君, 不如諸夏之無也." 무슨 뜻일까요? 여기에서는 오랑캐夷와 중화夏의 구분을 통해 무엇이 중화이고 무엇이 오랑캐인지의 문제를 제기하고 있습니다. 이른바 중화는 예를 준수하는 족속이고, 무릇 예를 준수하려는 족속을 중화라 칭할 수 있습니다. 소위 '중화의 여러 땅諸夏'은 바로 예를 준수하는 각 족속입니다. 예를 준수하지 않는 모든 족속은 오랑캐입니다. 예는 제도인데 제도가 건립되면 누가 정치를 맡아도 모두 똑같습니다. 만약 예라는 제도가 없으면 빛나는 지도자가 있다 해도 아무 소용이 없고 영원히 혼란 속에서 헤맬 뿐입니다. 이것은 문명제도에 대한 지금의 우리 인식과 거의 같습니다.

그러나 예는 정말 인류의 발명품일까요? 로렌츠가 『공격』에서 증명한 바에 따르면 동물 특히 사회성이 있는 동물의 행위 중에서 의식儀式 행위는 동류끼리 공격하면서 멸종에 이르게 하는 본능을 억제하는 행위라고 합니다. 동물의 본능에는 식욕, 성욕, 공격욕 외에도 의식욕儀式欲이 있는데, 그것은 바로 행동 억제입니다. 이 억제는 동류의 동물 사이에서 본능적으로 준수하는 '문文'에 해당합니다. 사나운 동물일수록 공격을 억제하는 본능도 더욱 강합니다. 예를 들면 늑대처럼 아주 강한 공격력을 가진 동물에게 만약 초강의 억제력이 없으면 일찌감치 스스로 멸망했을 겁니다. 우리는 항상 '부끄러움'을 느낍니다. 부끄러움이 바로 일종의 억제력인데 자신의 공격성을 억제하는 것이죠. 부끄러움의 이면은 공격력이지 성실함이 아닙니다.

이것이 바로 '극기복례' 동물성의 연원입니다. 따라서 "극기복례가 인이다克己復禮爲仁"라는 말은 간단하고 명확하고 복잡하지 않고 에돌지 않는 언급입니다. 이 말에는 공자가 실제로는 인성을 '악惡'으로 인식했음이 분명하게 드러나 있습니다. 공자보다 230여 년 늦게 태어난 순황은 『순자』「성악性惡」에서 이에 대해 완벽한 서술을 하죠. 지금 이 강의실에 수십 명의 사람이 있습니다. 그런데 만약 문文을 시행하지 않고 무武를 시행한다면 누가 마지막으로 이 교실을 나갈 수 있을지 추측해보세요. 저는 나갈 수 없을 것으로 생각합니다. 가장 먼저 처치되는 것이 아마도 저일 겁니다. 아마 아무도 나갈 수 없고 모두 이 강의실 안에서 죽을 가능성이 가장 큽니다. 음, 어쩌면 최후의 한 사람이 밖으로 나가다가 문 밖에서 죽을 수도 있겠네요.

공자가 숭상한 주례周禮는 본질적으로 문文입니다. 이 때문에 공자는 "찬란하도다! 문文이여! 나는 주나라를 따르겠다郁郁乎文哉, 吾從周"[46]라고 했죠. 우리가 『예기禮記』에 실려 있는 그처럼 "번잡한 예의 절차繁文縟節"를 살펴보면 온전한 체계를 갖춘 예의는 더욱 엄청난 내용을 포함한다는 사실을 알 수 있습니다. 이 밖에도 우리는 역사 기록에서 당시의 무武도 예를 갖추고 있음을 발견할 수 있죠. 송宋 양공襄公은 전투 과정에서 적군이 강을 건널 때 공격하지 않습니다. 적군이 진영을 갖추지 않았을 때도 공격하지 않죠. 진영을 갖추자 이제 됐다 하며 공격을 시작합니다. 결과적으로 대패하여 후세 사람들에게 멍청이라고 비웃음을 당하고 있죠. 송 양공은 왜 그런 행동을 했을까요? 당시의 전투 규칙이 그와 같았기 때문입니다. 그것은 마치 현재 육군 훈련 교본에 비무장 인원에 대한 사격을 금지하는 규정이 있고 만약 이 규정을 어기면 군사재판에 회부하는 것과 유사합니다. 앞에서 말씀드린 것처럼 송나라는 상나라의 후예입니다. 이 때문에 상나라 예법을 두루 계승했고, 전쟁의 규칙도 계승했을 겁니다. 송 양공은 규정에 따라 전쟁했던 것이죠. 그가 멍청하다고 말한다면 그것은 바로 당시 예제禮制가 붕괴되기 시작했음을 설명해주는 말이고, 송 양공은 붕괴된 예제와 발걸음을 함께 하지 않았기 때문에 멍청이 취급을 받게 된 것입니다. 유럽 영화 중에서 고대의 전쟁을 다룬 영화를 본 적이 있을 겁니다. 고수鼓手가 북을 치면 군사들이 전진하죠. 그런 과정에서 어떤 군사가 화살을 맞고 쓰러져도 다른 군사는 여전히 멍청이처럼 전진합니다. 전혀 피하지 않죠? 전국시대에 이르면 이미 속임수를 써서 전쟁을 합니다. 그러나 여전히 '괵聝'을 전공戰功으로 칩니다. 즉 적의 왼쪽 귀를 잘라서 전공을 계산하는 방법이죠. 그런데 전국시대 말기 진秦나라에서는 '괵馘'이란 방법을 씁니다. 이 두 글자는 모두 '괵'이라고 읽죠. '馘'은 적의 머리를 잘라 전공을 계산하는 방법입니다. 당시 전국칠웅 중 여섯 나라 병사들은 이 소문을 듣고 혼비백산하며 진나라 군사를 범과 이리로 간주합니다. 귀가 없는 시체는 그래도 괜찮은데요. 머리가 없으면 후손의 제사를 받을 수 없죠. 예악이 붕괴되었다는 뜻은 인간의 잔인함이 짐승보다 심하고 그 심함이 예법을 무너뜨리면서 같은 인간에게까지 인정사정없이 공격을 할 수 있다는 것입니다. 짐승은 할 수 없는 일이죠. 범과 이리가 억울함을 토로할 일입니다.

본능의 시각으로 공격과 예의 관계를 관찰해야 건설적인 사색을 진행할 수 있고 또 공자가 예를 존중하면서 예악의 붕괴에 우려를 표시한 일을 이해할 수 있습니다. 공자는 "순장용 나무 인형을 처음 만든 자는 후손이 없을 것이다始作俑者, 其无后乎!"[47]라고 했죠. 공자는 사람 대신 나무 인형을 순장하는 것조차 용인할 수 없었던 겁니다. 이것이 각성자의 분노죠. 각성의 위대한 기점입니다. 2500년 전에 일어난 인도주의의 기점입니다. 우리는 오늘날 적어도 공자의 그 기점으로부터 후퇴할 수는 없지 않겠습니까?

이어서 '지志'에 대한 공자의 이야기를 들어보도록 하겠습니다.

기록을 보면 공자가 제자들에게 각자의 지志에 대해 말해보라고 한 것이 한 번에 그치지 않았습니다. 지志는 물론 지향志向의 뜻을 가집니다. 최종적으로 무엇을 하겠냐는 의미죠.

『논어』「선진」편을 한번 보겠습니다. 모두들 다음 글을 보시죠.

자로, 증석, 염유, 공서화가 공자를 모시고 앉아 있었다. 선생님 (공자)께서 말씀하셨다.

"내가 너희보다 나이가 조금 많다고 해서 나 때문에 말을 어려워 말아라. 평소에 너희는 '나를 알아주지 않는다'라고 말하는데 어떤 사람이 너희를 알아주면 어떻게 하겠느냐?"

자로가 선뜻 나서서 대답했다.

"천승의 나라가 대국 사이에 끼어 있어 군사로 침략을 당하고 이로 인해 기근까지 든 상황에서 제가 그 나라를 다스리면, 3년 정도 지나면 백성에게 용기를 갖게 할 수 있고 또 올바른 뜻을 갖게 할 수 있습니다."

선생님께서 빙그레 미소를 띠셨다.

"구求아![48] 너는 어떠냐?"

염유가 대답했다.

"사방 60~70리 또는 50~60리 되는 나라에서 제가 다스림을 펴면, 3년 정도 지나면 백성을 풍족하게 할 수 있습니다. 예악과 같은 것은 군자를 기다리겠습니다."

"적赤아![49] 너는 어떠냐?"

공서화가 대답했다.

"제가 잘할 수 있다고 말씀 드리지는 못하겠고 배우기를 원합니다. 종묘의 일을 할 때나 제후의 회동에 갈 때, 검은 예복을 입고 장보관章甫冠을 쓰고 작은 도우미 역할을 하고 싶습니다."

"점點아![50] 너는 어떠냐?"

증석은 슬瑟을 타는 소리를 점차 줄이더니 뎅그렁하고 연주를 끝내고는 일어나서 대답했다.

"저는 세 사람의 일과 다릅니다."

선생님께서 말씀하셨다.

"무얼 염려하느냐? 역시 각자 자신의 뜻을 말한 것일 뿐이다."

증석이 말했다.

"늦봄에 봄옷이 다 지어지면 어른 대여섯과 아이 예닐곱을 데리고 기수沂水에서 목욕하고 무우舞雩에서 바람을 쐬고 노래를 부르며 돌아오겠습니다."

선생님께서는 감탄하며 말씀하셨다.

"나는 점과 함께 하겠다."

세 사람이 먼저 나가고 증석은 뒤에 남았다. 증석이 말했다.

"저 세 사람의 말이 어떻습니까?"

선생님께서 말씀하셨다.

"역시 각자 자신의 뜻을 말한 것일 뿐이다."

증석이 말했다.

"선생님께서는 어째서 유由[51]의 말에 빙그레 웃으셨습니까?"

선생님께서 말씀하셨다.

"나라를 다스리는 건 예禮로써 해야 한다. 그런데 그의 말은 겸양의 어투가 아니었다. 그래서 웃었다."

"구가 말한 건 나라를 다스리는 일이 아닙니까?"

"어찌 사방 60~70리나 50~60리 되는 곳을 나라가 아니라고 볼 수 있겠느냐?"

"적이 말한 건 나라를 다스리는 일이 아닙니까?"

"종묘와 회동에 관한 일이 제후의 일이 아니고 무엇이겠느냐? 적이 하는 일이 작다면 누가 하는 일이 크다고 할 수 있겠느냐?"

子路, 曾晳, 冉有, 公西華侍坐. 子曰,

"以吾一日長乎爾, 毋吾以也. 居則曰, '不吾知也.' 如或知爾, 則何以哉?"

子路率爾而對曰,

"千乘之國, 攝乎大國之間, 加之以師旅, 因之以饑饉. 由也爲之, 比及三年, 可使有勇, 且知方也."

夫子哂之.

"求! 爾何如?"

對曰,

"方六七十, 如五六十, 求也爲之, 比及三年, 可使足民. 如其禮樂, 以俟君子."

"赤! 爾何如?"

對曰,

"非曰能之, 願學焉. 宗廟之事, 如會同, 端章甫, 願爲小相焉."

"點! 爾何如?"

鼓瑟希, 鏗爾, 舍瑟而作, 對曰,

"異乎三子者之撰."

子曰,

"何傷乎? 亦各言其志也."

曰,

"莫春者, 春服既成, 冠者五六人, 童子六七人, 浴乎沂, 風乎舞雩, 詠而歸."

夫子喟然歎曰,

"吾與點也."

三子者出, 曾晳後. 曾晳曰,

"夫三子者之言何如?"

子曰,

"亦各言其志也已矣."

曰,

"夫子何哂由也?"

曰,

"爲國以禮, 其言不讓, 是故哂之."

"唯求則非邦也與?"

"安見方六七十, 如五六十, 而非邦也者?"

"唯赤則非邦也與?"

"宗廟會同, 非諸侯而何? 赤也爲之小, 孰能爲之大?"

증석 즉 증점은 "나는 하루에 내 몸을 세 번 반성한다吾日三省吾身"
라고 말한 증자의 부친이죠. 부자가 모두 공자의 제자였습니다.

적赤, 구求, 점點 등은 모두 본명인데 옛사람들은 당사자 면전에서
본명을 부르면 존중하지 않는다고 생각했습니다. 따라서 오직 스승
이나 부모만이 본명을 부를 수 있었고 일반인들은 당사자 면전에서
자字를 불렀습니다. 지금은 이런 규칙이 없어졌죠.

이 글은 좀 이해하기 어렵습니다. 도대체 뭘 말하는 거죠? 여러분
중에 아는 사람이 있습니까? 없군요. 저도 처음 이 글을 읽었을 때
무슨 말인지 알 수가 없었어요. 요컨대 공자는 왜 "나는 점과 함께

하겠다"라고 했을까요?

이건 뒷날 선종禪宗의 공안과 좀 유사합니다. 한漢나라 때부터 끊임없이 그 의미를 탐색해왔습니다.

우리 이제 당시의 상황을 한번 반추해볼까요? 당시 공자는 틀림없이 예禮에 관한 문제를 이야기했을 겁니다. 그 후 제자들은 침묵했어요. 아마도 각자가 생각에 잠겼겠죠. 침묵은 좀 오래 지속됐을 겁니다. 그러자 공자가 "너희의 의견을 말해보아라"라고 했겠죠. 자로는 솔직담백한 사람이라 바로 나서서 말을 했고, 다른 사람은 공자가 이름을 불러서 질문을 합니다. 세 명의 말에 대해 공자는 아무 평가도 하지 않습니다. 다만 자로의 말에만 빙그레 웃음을 짓고 또 증점의 말에만 자신도 함께 하겠다고 인정을 합니다. 자리가 파한 후 증점은 공자에게 세 사람에 대한 관점을 질문합니다. 공자는 가타부타 이야기하기를 다소 꺼립니다. 증점이 다시 자로의 말에만 왜 빙그레 웃음을 지으셨냐고 추궁하자 공자는 그제야 하나하나 차례로 평가를 하죠. 그러나 왜 증점의 말에 동의했는지는 이야기하지 않습니다.

증점은 당시 현장에 있던 제자 중에서 가장 동떨어진 모습으로 슬瑟을 타고 있었습니다. 그러나 기실 그는 다른 사람의 말을 듣고 있었을 뿐 아니라 선생님의 반응도 관찰하고 있었어요. 공자가 마지막에 증점에게 질문했을 때 그는 즉시 반응하지 않고 천천히 연주를 끝낸 후에야 비로소 자신의 지향 같지 않은 지향을 이야기합니다. 그 이전에 증점은 줄곧 슬을 타고 있었고, 공자도 줄곧 그를 제지하지 않았죠. 우리는 공자 자신도 악기를 연주하며 노래 부르지 않은 날이 없었다는 사실을 알아야 합니다. 그는 마지막에야 증점에게 묻습니다. 틀림없이 증점의 연주에서 무슨 의미를 들었을 것입니다. 이 때문에 증점이 연주한 곡이 무엇인지를 안다면 "나는 증점과 함께 하겠다"는 말을 이해하는 데 한 가지 도움을 받을 수 있을 텐데요. 안타깝게도 우리는 그의 연주를 들을 수 없습니다.

어떤 학자는 증점의 이 "춘복기성春服既成" 대목을 기우제와 관련된 내용이라고 인식합니다. 이 견해도 일리가 있습니다. 왜냐하면 바로 앞에서 다른 제자들이 각기 자신의 지향을 말하는 가운데 모두 예에 대해 언급하고 있으므로 증점도 예를 언급할 것이기 때문입니다. 그러나 더 많은 사람은 증점의 말이 봄소풍을 언급했다고 인식합니다. 이해의 폭을 조금 넓히면 역시 통할 수 있는 견해입니다. 한나라 왕충王充(27~97?)은 증점의 말이 틀렸다고 인식했습니다. 주나라의 늦봄 무렵은 절기가 추워서 강에서 목욕하는 것이 불가능하기 때문이라는 거죠. 역대 주석가들도 항상 이 문제를 제기했습니다. 우리가 알아야 할 것은 증점이 공자의 질문에 대답했고 공자는 예를 가르치는 전문가라는 점입니다. 증점이 대답한 후 그의 말이 잘못 되었다면 공자가 바로잡아줬을 겁니다. 게다가 증점이 말한 장소가 노魯나라 고향에 있는 기수沂水인데 공자가 어찌 알지 못하겠습니까? 그런데도 단지 "증점의 말에 감탄하며 나는 증점과 함께 하겠다"라고만 말합니다. 여전히 요점은 "나는 증점과 함께 하겠다"라는 언급인데 무엇을 함께 하겠다는 것일까요?

제 개인적인 견해를 말씀드리자면 공자가 증점과 함께 하려는 것이 자유 상태 특히 인간 내면의 자유 상태라고 생각합니다.

이제 그 대목을 다시 한 번 읽어보는 것도 무방할 듯합니다.

늦봄에 봄옷이 다 지어지면 어른 대여섯과 아이 예닐곱을 데리고 기수沂水에서 목욕하고 무우舞雩에서 바람을 쐬고 노래를 부르며 돌아오겠습니다.

이것은 증점의 소망에 대한 묘사이지 실제 사실에 대한 서술이 아닙니다. 공자도 증점의 말이 기실 시詩라는 사실을 잘 알고 있습니다. 시란 본래 자신의 뜻을 말하는詩言志 장르죠.

따라서 공자의 뜻 즉 공자의 궁극적인 목적은 인간의 자유 상태입니다.

축軸의 시대 각성자로서 공자는 각성을 시작하면서 바로 각성의 궁극적 지점을 표현한 것이죠. 대단합니다. 정말 대단합니다. 거의 200년 후의 장자도 대단하긴 하지만 공자에 대해서 조롱을 많이 했습니다. 장자는 인간 내면의 자유의지에 대한 공자의 궁극적 표현을 깊이 이해하지 못했음이 분명합니다. 이 점을 봐도 기원전 500년 무렵의 공자는 내면의 자유의지라는 문제에서 대화 상대가 없었던 셈이죠. 소위 고독이란 바로 이런 것이죠. 소위 강함이란 바로 이런 것입니다.

저는 앞의 강의에서 인仁은 단지 기점일 뿐이며 궁극에 상대되는 개념이라고 말씀드렸습니다. 위의 단락에서 공자가 한 말도 제 강의와 다르지 않죠. 여러분은 제게 이렇게 오랫동안 강의를 들었으니까 인이나 예를 인생의 지향점으로 삼지 말아야 합니다. 그것들은 모두 수단일 뿐입니다. 물론 그것들을 잡고 실천하면서 배워야 하고 수양해야 합니다. 그렇게 하면서 어느 정도의 범위와 단계에서는 지향점으로 삼을 수도 있습니다. 그러나 지향의 궁극적 목표는 자유 상태에 도달하는 것입니다.

이러한 의미를 알아야만 송나라 『당자서문록唐子西文錄』[52]에 기록된 다음 구절을 이해할 수 있습니다. "촉도관사蜀道館舍[53]의 벽에 '하늘이 중니仲尼[54]를 탄생시키지 않았다면 만고토록 캄캄한 밤이 지속되었을 것이다'라는 대련對聯이 붙어 있다蜀道館舍壁間題一聯云, 天不生仲尼, 萬古長如夜." 마음으로 각성하지 못하면 자유 상태에 도달할 수 없고 길고 긴 밤이 지속될 뿐이죠. 그것을 깨우친 사람이 바로 공자입니다. 고대 그리스의 소크라테스, 플라톤, 아리스토텔레스도 이와 같은 의의를 지니고 있지 않습니까?

공자는 또 이렇게 말했습니다.

나는 열다섯에 학문에 뜻을 두었고, 서른에 자립했고, 마흔에 미혹되지 않았고, 쉰에 천명을 알았고, 예순에 모든 일을 순조롭게 듣게 되었으며, 일흔에는 내 마음이 하고 싶은 대로 해도 법도를 넘어서지 않았다吾十有五而志于學, 三十而立, 四十而不惑, 五十而知天命, 六十而耳順, 七十而從心所欲, 不逾矩.

마지막의 "내 마음이 하고 싶은 대로 해도 법도를 넘어서지 않았다"라는 구절이 바로 자유 상태를 의미합니다. 이 구절은 자유 상태에 도달하는 것도 일정한 과정을 거쳐야 함을 설명해줍니다. 공자도 결코 태어날 때부터 자유 상태로 진입했던 것은 아닙니다. 그러나 우리 후세 사람들은 오히려 아주 일찍부터 교육을 받죠. 저도 어렸을 때 어문語文 교재를 배우면서 '너는 커서 무엇이 될래?'라는 제목으로 작문을 하곤 했습니다. 기실 이것이 바로 자신의 뜻을 표현하라는 요청입니다. 그러나 그때는 그 말의 뜻이 기실 외재적인 뜻이고, 어떤 범위 내의 뜻이고, 일정한 단계에 도달하기 위한 뜻이며, 이념에 의해 규정된 뜻이라는 걸 이해하지 못했습니다. 그러다가 공자의 제자들이 공자를 모시고 앉아서 대화를 나누는 대목을 이해하고 나서야 진정한 뜻(지향)이 무엇인지 분명하게 알게 되었습니다. 아마도 1968년이었을 겁니다. 제 큰형이 제4중학교 아니면 제8중학교 친구인 장위하이張育海를 데리고 우리 집에 왔습니다. 그때는 바로 문화대혁명 초기에 일어났던 중고등학생의 소란이 조금 잦아들고 상산하향上山下鄕 운동이 박두하고 있었죠. 당시 제 기억에 깊이 새겨진 것은 장위하이 선생이―지금은 당연히 선생으로 높여 불러야 합니다―중국의 문예부흥에 뜻을 두고 있었다는 사실입니다. 그 시절에 말입니다. 지금 생각해봐도 그 나이에 그런 뜻을 가지다니! 참으로 놀랍습니다. 그가 말한 이 화제話題 때문에 저는 당시에 제가 느꼈던 의혹을 여전히 생생하게 기억하고 있습니다. 문예부흥은 물론 큰 뜻이지만 그것이 자유 상태를 추구함에 따라 이루어지는 것인지? 아니면 어떻게 하든 상관없이 그 뜻을 성취하기만 하면 자유 상태가 이루어지는 것인지는 이해할 수 없었습니다. 이해할 수는 없었지만 그것은 큰 뜻이었죠. 나중에 장위하이 선생은 미얀마로 갔고 오래지 않아 전사했습니다. 그가 미얀마로 가서 친구들에게 보낸 편지가 그 당시 사람들에게 암송되었죠. 저도 읽어봤지만 여전히 이해할 수 없었어요. 당시 그의 상태는 "하늘이 이 사람에게 대임을 맡길 때는 반드시 먼저 마음과 뜻을 괴롭게 하고, 근육과 뼈를 괴롭게 하고, 그의 몸을 굶주리게 한다天將降大任於是人, 必先苦其心志, 勞其筋骨, 餓其體膚"[55]라는 맹자의 진술과 같았습니다.

여러분은 아마도 장래에 예술가가 되겠죠. 여러분의 뜻은 그림 값을 1억 이상 받는 것인가요? 좋은 옷과 맛있는 음식과 호화 자가용과 대형 작업실 등을 갖는 것과 혹은 패션 잡지의 커버스토리 대상이 되어 천만 팬을 보유하는 것인가요? 기실 다른 사람에게 피해를 주지 않는다는 마지노선을 지키기만 해도 시시비비를 논할 수 없습니다. 혹은 문학이론을 유심히 공부하여 입으로 여러 개념을 이야기할 수 있고 손으로는 각종 텍스트를 그릴 수 있으면 점점 세상의 유명 인사가 되는데 이것도 정말 어려운 일이죠. 기실 허영 등등을 추구하는 것도 무슨 죄악은 아닙니다. 마지막에 시신을 화장하여 재가 되고 나면 그 또한 원만한 일생이라 할 수 있죠. 내면으로 자유 상태에 도달했는가 아닌가는 중요한 문제가 아닐 수도 있어요. 그런데 여러분의 지향이 이와 같다면 이때까지의 제 강의는 헛소리에 불과한 것입니다.

하지만 제 보충 강의는 계속해나갈 겁니다.

공자의 일생은 대체로 두 가지 점에 집중되어 있습니다. 그 하나는 인仁을 이야기한 것이고, 또 하나는 예禮를 가르친 것입니다. 이밖에도 또 몇 가지 기술을 가르치기도 했죠, 예를 들면 '어御'와 같은 것인데 이것은 마차를 모는 기술입니다, 현재의 운전 교습과 같죠.

공자는 주례周禮를 준수했습니다. 『논어』에 유명한 에피소드 한 가지가 기록되어 있습니다. 그것은 공자가 남자南子란 여인을 만난 것입니다. 이 에피소드는 줄곧 색정의 의미가 포함된 단락으로 간주되어 왔습니다. 특히 현대에 와서 영화와 tv드라마를 통해서도 모두 그렇게 처리하곤 했죠.

『상서』「목서牧誓」에는 주나라 무왕이 상나라 도성 조가朝歌 근처 목야牧野에 도착하여 아침에 군대를 집결시키고 상나라 주왕을 토벌하기 위해서 행한 서약 강연이 기록되어 있습니다. 그는 주왕의 네 가지 대죄를 열거했는데 그중 첫째가 바로 '빈계사신牝鷄司晨'입니다. 즉 암탉이 새벽에 울었다는 뜻입니다. 말하자면 주왕이 여자가 정사에 간섭하도록 했으니 우리가 어찌 용납할 수 있겠느냐는 의미죠. 여기에서도 분명하게 알 수 있듯이 주나라는 당시에 부권父權이 상당히 완비된 사회여서 모권母權을 심하게 배척하고 있었습니다. 우리는 이런 사실을 잘 알고 있어야 합니다.

그럼 공자와 제자들이 위衛나라에 머물던 상황을 다시 살펴보도록 하겠습니다. 당시에 공자와 제자들은 위나라에서 이미 상당히 오래 머물고 있었지만 위 영공靈公은 그들을 등용할지 여부에 대해 아무 대답도 하지 않고 있었습니다. 남자는 위 영공의 부인이었는데 요즘 말로 하자면 '피부가 희고 돈이 많고 아름다운 여인白富美'이었죠. 그녀는 항상 위 영공과 함께 마차를 타고 어깨를 나란히 하며 저자 거리를 지나다녔어요. 그래서 공자는 "나는 아름다운 여인을 좋아하는 것처럼 덕德을 좋아하는 사람을 아직 보지 못했다吾未見好德如好色者也"56라고 말한 적이 있습니다. 공자가 그런 여인을 만나고 나오자 자로는 매우 불쾌한 모습을 보였습니다. 그러자 공자는 만약 내가 그런 짓을 했다면 하늘이 내게 벌을 내릴 것이다라고 맹세하죠.

공자의 언행과 관계된 모든 문서에는 공자가 어떻게 자신의 성性 문제를 해결했는지에 대해서 기록이 남아 있지 않습니다. 그가 제자들을 데리고 천하를 주유할 때도 마찬가지였습니다. 왜일까요? 간단한 이치입니다. 성 문제는 주나라 시대에 문제가 아니었기 때문입니다. 『시경』을 보면 바로 알 수 있죠. 성은 어떤 상황에서 문제가 될까요? 앞에서 주 무왕이 상 주왕을 정벌할 때 상황을 이야기했죠? '빈계사빈'은 주나라 입장에서는 여인이 정무에 관여하는 것인데 이는 허락할 수 없는 일이고, 주례에서도 금지하는 일이었습니다. 이 때문에 공자가 위 영공의 부인을 만나자 자로는 불쾌하게 여겼죠. 즉 자로는 선생님께서 아마도 임용이 지체되자 참지 못하고 영공의 부인에게 부탁하여 베개 맡 송사를 통해 등용 문제를 해결하려 했다고 생각했던 겁니다. 공자는 예를 가르쳐온 사람인데 자로는 오히려 공자가 주례를 위반했다고 오해했고, 이러한 상황에서 공자는 제자를 향해 만약 그런 일이 있었다면 하늘이 나에게 벌을 내릴 것이라고 두 번이나 맹세한 것이죠.

우리는 지금 아마도 당시 공자의 상황에 대해서 색정에 관한 상상력만 발휘하는 듯합니다. 만약 그와 같다면 우리는 공자가 일을 마치고 나올 때 자로가 농담을 해야 맞다고 생각해야 합니다. "선생님께선 그 연세에도 아직도 그렇게 정력이 강하시군요"라고 말입니다. 그러나 이 상황을 공자가 말한 "여자와 소인은 기르기 어렵다. 가까이 하면 불손하고 멀리하면 원망한다唯女子與小人, 爲難養也. 近之則

不孫, 遠之則遠"[57]라는 언급에까지 연결시킬 수도 있지만 자로는 소인이 아닙니다.

　이러한 시각으로 원시유가의 공자를 인식하고 『논어』를 읽어야 이 책 속의 어떤 부분이 당시 상황을 묘사한 것이고, 또 어떤 부분이 일정한 단계의 지향이고, 또 어떤 부분이 일정한 범위로 제한된 발언이며, 어떤 부분이 궁극에 관한 것인지 분명하게 정리할 수 있을 겁니다.

　공자 이후로 유가는 이질화하기 시작합니다. 인류가 생산한 것은 어떤 것이든 모두 이질화합니다. 본래 자신의 모습이 아니거나 불완전한 모습으로 변화하는 거죠. 유가는 공자에서 비롯되었고 그것이 전국시대에 이르러 이질화되기 시작하면서 청나라 말기까지 계속됩니다. 근대의 독서인들은 이 점을 인식하지 못하고 유가를 일거에 타도하려 했죠. 기실 반대해야 할 것은 유가의 이질화이지 유가 자체가 아닙니다.

　공자가 세상을 떠난 후 증삼曾參 즉 증자, 자하子夏, 자유子游, 자사子思(원헌原憲), 공자의 손자 등이 공자의 학문을 전합니다.

　그중 증삼이 공자의 총체적인 학문을 전하면서 『논어』의 내용을 구성했다고 봐야 합니다. 『논어』 맨 앞부분에 증자가 하루에 자신의 몸을 세 번 반성하는 구절이 나오죠. 전해오는 학설에 따르면 자하는 예禮를 전했다고 합니다. 후세의 법가철학 창시자 이회李悝도 자하의 제자 증신曾申에게서 공부하면서 『법경法經』을 지었다고 합니다. 그 책은 지금 실전되었습니다. 이 밖에도 오기吳起는 이회와 동시대 인물인데 역시 유가에게서 공부했으며 병가兵家의 창시자로 간주되기도 합니다.

유명한 법가 인물 상앙商鞅도 자하의 제자에게서 공부했고 나중에 이회의 『법경』을 가지고 진秦나라로 갔습니다. 당시에 묵가墨家가 이미 진나라에 있었기 때문에 상앙은 먼저 묵가의 학설로 유세했고, 다음으로 유가의 학설로 유세했으며, 다시 다음에 법가의 학설로 유세하여 진 효공孝公의 재상이 되었습니다. 그러다가 진 혜문왕惠文王에게 거열형을 당했죠. 그러나 혜문왕은 그의 법을 계속 사용했습니다. 학파의 연원으로 보면 법가는 유가에서 갈려 나온 이질화된 집단이라고 봐야 합니다. 법가는 제후들에게 패자霸者를 다투고 왕호를 칭하도록 하면서 제도를 개혁했습니다. 공자는 춘추 말기에 본래의 태도에서 다소 후퇴하여 차선책을 추구하게 되죠. 당시에 공자는 제후들이 패자를 칭하는 걸 인정합니다. '패霸'는 '우두머리伯'인데 '제후장諸侯長'의 의미입니다. 패자는 주나라 왕을 대신하려 하지 않고 천극신 부호를 잃어버린 주나라 왕의 권위를 옹호하려 합니다. 패자가 보유하는 맹주의 자격은 최종적으로 여전히 주나라 왕이 부여합니다. 따라서 공자는 제齊 환공桓公을 도와 패자로 만든 관중管仲을 찬양하죠. 관중은 '존왕양이尊王攘夷(주 왕실을 높이고 오랑캐를 물리친다)'를 제창했는데 이때 왕은 주나라 왕을 가리킵니다. 공자는 관중을 칭찬하며 "인을 행했다고 할 만하다如其仁"[58]고 했습니다. 공자가 열국列國을 주유한 것도 말하자면 거의 같은 목적이었죠. 그는 패주霸主만이 주례를 이어갈 수 있으므로, 패도霸道는 왕도를 수호하는 임시방편의 법도라고 인식했습니다. 그리고 제나라에서 관중이 진행한 개혁은 기실 '법가'의 칭호만 없는 변법이었던 셈이죠.

자하는 예를 전할 때 관중의 변법에 대한 공자의 인식을 이야기했을 것이고 그것은 이회의 『법경』과 위魏나라의 변법에도 상당한 영향을 끼쳤을 겁니다. 그러나 여러분은 당시 두 차례의 변법 의식이 상이하다는 점에 주의해야 합니다. 전국시대의 법가는 주나라 왕을 대신하여 천하의 패왕을 세우려 했죠. 그래서 당시 제후들은 분분히 왕을 칭했고 마침내 마지막에는 진시황秦始皇 한 사람만 남게 되었죠.

공자가 세상을 떠난 후 약 100년 만인 전국시대 노魯나라에 앞에서 말씀드린 맹자가 나타나서 "백성이 가장 귀하고, 사직은 그 다음이며, 임금은 가장 가볍다民爲貴, 社稷次之, 君爲輕"[59]라는 주장을 제기하고 '인仁'을 행하는 것은 군주 즉 권력의 책임임을 강조합니다. 맹자의 이 주장은 후세 사람들에 의해 민본사상이라고 일컬어집니다. 맹자가 인식한 성선설과 연계해서 이것은 아마도 중국 후대 민수사상民粹思想의 발단에 영향을 끼쳤을 겁니다. 맹자의 이 주장은 또 우리가 알아채기 어렵게 공자를 이질화한 사상이라고 할 수 있습니다. 공자는 사람은 모두 교화되어야 한다고 인식했죠. 이것은 실제로 인간 본성을 악하다고 본 견해입니다. 제가 이미 앞에서 언급한 바 있습니다.

맹자보다 조금 늦은 시기 조趙나라에서 순자가 태어났다고 역시 앞에서 언급한 적이 있죠. 순자는 『순자』 「성악性惡」에서 "인간의 본성은 악이고 그것이 선한 것은 인위적인 것이다人之性, 惡, 其善者僞也"라고 명확하게 지적했습니다. 우리는 순자를 '축軸의 시대'의 종결자라고 해야 합니다. 2000년 후 동물학자들은 실증적인 연구를 통해 순자의 판단과 순자가 인간의 동물성과 예의 관계에 대해 행한 논술을 증명했습니다. 순자는 당시에 명성이 대단하여 세 차례나 제나라 직하稷下 학궁의 좨주祭酒를 지냈습니다.

여러분도 제나라 직하학사에 대해 들은 적이 있죠? 음, 제나라 도성 즉 임치臨淄에 성문이 있었습니다. 도성에는 당연히 성문이 있죠. 임치의 여러 성문 가운데서 서북 방향으로 드나드는 문을 직문稷門이라고 불렀습니다. 제나라 관방에서 직문 왼쪽 부근에 학궁을 세웠는데 후세 사람들은 그것을 직하학궁稷下學宮이라고 일컬었습니다. 직하학궁에는 당시 거의 모든 학파가 모여들어 거의 1000명 내외까지 학자들이 북적댔죠. 그중 저명한 학자로는 맹자, 순우곤淳于髡, 추연鄒衍, 전변田騈, 신도愼到, 신불해申不害, 접자接子, 계진季眞, 환연環淵, 팽몽彭蒙, 윤문尹文, 전파田巴, 예설兒說, 노중련魯仲連, 추상鄒奭, 순자 등이 있었습니다. 직하학궁에 모인 사람들은 모두 자유롭게 견해를 발표하고 서로 논쟁하고 힐난하고 의견을 수용하면서 소위 '백가쟁명'의 국면을 펼쳤습니다. 제 선왕宣王은 그중 적지 않은 학자들을 '상대부'에 임명하고 그에 걸맞은 녹봉을 줬습니다. 그리고 그들에게 나라를 다스리는 일에 종사하지 않고도 토론을 하게 했으며, 또 관직에 임명하지 않고도 국사를 논의하게 했습니다. 첸무錢穆(1895~1990) 선생은 맹자를 '직하학궁의 선생'이 아니라고 인식했지만 적지 않은 학자가 그의 견해에 동의하지 않습니다.

순자도 열국을 주유했는데 이는 공자의 경우와 같습니다. 순자는 진秦 소양왕昭襄王 시기에 진나라로 갔습니다. 그러나 공자는 진나라에 간 적이 없죠. 진 효공은 상앙의 변법을 채택했고, 이후 진나라는 점점 강성해졌어요. 순자는 진나라를 살펴본 후 그곳에 유학자가 없음을 발견했습니다. 특히 기원전 288년에 진 소양왕은 제왕齊王에게 연락하여 각각 왕의 호칭을 서제西帝와 동제東帝로 바꿔 부르자고 했다가 실패하고 말았죠. 기원전 286년 진 소양왕은 재차 자신을 서제로 칭하고 동시에 조趙 혜문왕惠文王을 동제로 칭하고 또 연燕 소왕昭王을 북제北帝로 칭하려다 실패합니다. 기원전 257년 장평대전長平大戰에서 진나라 군사는 조나라 군사 40만 명을 생매장해서 죽인 뒤 한단邯鄲을 포위합니다. 조나라는 초楚나라와 위魏나라에 구원을 요청하죠. 위 안리왕安釐王은 조나라에 구원병을 파견하려 하지 않으면서도 진나라가 조나라를 멸망시킨 후 다시 자신의 위나라를 멸망시킬까봐 두려워합니다. 그래서 신원연新垣衍을 조나라에 사신으로 파견하여 "진왕이 제帝라는 칭호를 회복하려 한다"는 구실을 핑계로 조나라에게 진 소양왕을 제帝로 불러주고 한단의 포위를 풀어야 한다고 건의합니다. 그러자 조나라 평원군平原君이 고의로 위나라의 의도를 누설하고 노중련을 시켜 신원연에게 유세하게 하죠. 이로써 진 소양왕이 칭제하려던 의도는 다시 실패하고 맙니다.

　제帝란 선진시대에 아주 큰 명칭의 하나였죠. 그럼 제는 무엇일까요? 제는 신입니다. 조상신이죠. 황皇은 아득히 먼 조상신입니다. 예를 들면 복희伏羲와 같은 경우예요. 그런데 제는 조금 가까운 옛날의 조상신입니다. 예를 들면 황제黃帝와 같은 경우죠. 상나라의 최고 권력자는 죽은 후에야 제로 불릴 자격이 있었습니다. 예컨대 주 무왕에게 멸망당한 수受는 사후에 제신帝辛으로 불려야 하지만 주나라에서는 그를 그냥 주왕紂王이라고만 부르고 그가 신이 되어 제로 불리는 걸 인정하지 않았죠. 주나라에 와서는 최고 권력자가 죽으면 시호로 불렀지 제라고 칭하지 않았습니다. 그것은 주나라 예법의 규정이었죠. 전국시대에 이르면 제후들이 분분히 왕을 칭했는데, 이미 철저하게 예악이 붕괴되었기 때문이었습니다. 여기에다 진 소양왕이 제를 칭하려고 한 건 정말 시대가 변했음을 알려주는 증거입니다. 순자는 공자처럼 "안 되는 줄 알면서도 실천한知其不可而爲之"[60] 사람이 아니라, 될 줄 알고 실천한 사람이죠. 그래서 제왕학을 창안했습니다. 여기에서 말하는 제왕학의 본뜻은 살아 있는 왕을 제로 칭하는 추세를 막을 수 없으므로 주나라 문화의 가치 체계를 제에다 집어넣자는 것이죠. 이것은 마치 현대의 '유전자 재조합 프로젝트'와 흡사합니다. 그러나 설령 칭제稱帝하는 일이 성공했다 하더라도 예禮의 제약을 받아야 하므로 그렇게 전제적인 정치를 할 수는 없었습니다. 즉 지나치게 각박하게 굴며 은혜를 적게 베풀 수는 없었죠. '각박하게 굴며 은혜를 적게 베풀었다刻薄少恩'는 언급은 사마천司馬遷이 법가를 평가한 말입니다.

순자에게는 두 명의 제자가 있었는데 한 사람은 이사李斯이고, 또 한 사람은 한비韓非입니다. 이사는 진나라로 가서 먼저 승상 여불위呂不韋에게 투신하여 그의 문객이 됩니다. 여불위는 수많은 문객을 초빙하여 일명 『여람呂覽』이라고 불리는 『여씨춘추』를 편찬하여 각 학파의 학설을 널리 수합하죠. 내용을 살펴보면 이 또한 진왕이 칭제할 때 각종 유전자를 끌어들여야 한다고 희망을 피력한 것입니다. 이는 순자의 견해와 상통합니다.

이사는 진나라에서 법가사상으로 진왕 영정嬴政(진시황)을 도와 여섯 나라를 공격하여 병탄합니다. 그러나 영정은 이사의 동문 친구인 한비를 가장 칭찬했고 마침내 한韓나라를 쳐서 한비를 진나라로 사신을 보내게 한왕을 압박합니다. 이사는 자신이 한비보다 못함을 알고 정견이 다르다는 구실로 한비를 하옥시키죠. 한비는 결국 진나라 옥중에서 죽습니다. 한비는 순자의 제자로 인간 본성인 악惡이 사회 질서 건립의 전제 조건이라고 인식합니다. 그러나 유가에 대해서는 국가를 좀 먹은 다섯 가지 해충의 하나로 배척합니다.[61] 따라서 한비는 가장 순수한 법가 사상가이며 군주 전제의 절대성을 주장한 학자입니다. 그의 저서 『한비자韓非子』는 문장이 훌륭하고 우언이 많아서 울적한 마음을 해소하기에 더없이 좋은 읽을거리죠.

순자는 공자의 원시유학을 이질화한 사람입니다. 그러나 기실 그는 공자의 각성 가치를 가장 잘 파악한 사람이고 또 예의 구속적인 본질을 가장 잘 이해한 사람이에요. 인간이 인간다울 수 있는 이유가 스스로에게 구속력을 발휘할 수 있다는 건데요. 그러나 후세 사람들은 순자의 제왕학을 질책하며 그가 왕도정치와 패도정치를 겸용하게 하여 2000년 전제제도의 폐해를 조성했다고 지적했죠. 기실 영정은 스스로 시황제라고 칭하면서 천극신을 모방하여 북두 모양으로 수레를 만들어 사방을 순시하죠. 이는 이미 진 소양왕이 동서남북 중에서 서제로 칭한 것과는 차원이 다른 일입니다. 그는 자신을 천극신으로 간주했습니다. 아울러 천상의 별자리 관계에 따라 지상의 군현 위치를 다시 획정하죠. 군현제는 신학적인 성질이 포함된 제도입니다. 그러므로 주나라 봉건제도를 폐지한 것은 너무나 당연한 일이었어요. 결국 전국이 진시황 1인을 중심으로 돌아가야 했으니까요. 우리는 앞에서 천극신에 관한 수업을 했으므로 진정秦鼎

이 왜 그렇게 '소박'한지 분명하게 이해할 수 있을 겁니다. 왜냐하면 진시황은 전혀 천극신에게 제사를 올릴 필요가 없었으니까요. 말하자면 천극신은 바로 자신이었기 때문이죠. 미래의 어느 날 진시황릉이 발굴되면 묘실墓室 안에 틀림없이 이러한 성격의 천상天象 배치가 있을 겁니다. 사마천도 이미 그런 사실을 우리에게 암시했죠.

진나라는 단명했고 한나라가 그 뒤를 잇습니다. 한나라는 선진시대 이후 귀족이 아닌 평민이 황제가 된 첫 번째 왕조였습니다. 이 때문에 줄곧 그 황제의 지위가 도대체 합법인지 불법인지에 대한 의심과 우려를 품고 있었죠. 그런데 동중서董仲舒가 한 무제武帝를 위해 천인합일天人合一 사상을 설파함으로써 비로소 한나라 황제들의 근심이 해결되었습니다. 이후 한 무제는 보무도 당당하게 사방을 순행했고, 왕도와 패도를 겸용하는 제왕학을 채택하여 수많은 학파를 쫓아내고 유학만을 존중하게 했습니다. 한 무제의 유학은 바로 순자의 제왕학이었죠. 이 제왕학은 동중서가 완성했고 청나라가 멸망할 때까지 계속 사용됐습니다. 동중서야말로 진정으로 원시유가의 이질화를 완성한 사람입니다. 그 이후로 비로소 공자가 성인으로 칭해지죠. 제가 공자 영정을 보면 그에게 억울한 누명을 씌운 후세 사람들을 원망하는 듯합니다. 청나라 말기 담사동譚嗣同은 무술육군자戊戌六君子[62]의 한 사람으로 지금의 베이징 쉬안우구宣武區 차이스커우菜市口에서 처형되었습니다. 당시 사형감독관이 유명한 한약방 서학년당西鶴年堂에 임시로 머물렀죠. 지금은 이미 당시 모습이 완전히 다 바뀌었어요. 자, 잡담은 그만하고 본론으로 돌아갈까요. 담사동은 자신의 저서 『인학仁學』에서 이렇게 말했습니다. "2000년 동안 이어져온 학문은 순자의 학문이고 모두 위선자들이다二千年來之學, 荀學也, 皆鄕愿也." 2000년 학문이 모두 순자의 학문이란 말은 정말 깊이가 있지만, 모두가 위선자였단 주장은 사실에서 동떨어진 말입니다.

저는 아직도 1974년 중화서국에서 출간한 『논어비주論語批注』란 책을 갖고 있습니다. 베이징대학 철학과 1970년 공·농·병工農兵 학우들이 필진인데요. 비주의 내용은 네 글자로 요약할 수 있습니다. '불인졸독不忍卒讀(끝까지 참고 읽을 수 없다).'

이제 우리는 춘추전국시대 학문의 대체적인 면모를 파악할 수 있습니다. 공자의 시대에는 제자백가가 없었습니다. 제자는 그 이후의 일이고, 백가는 다시 그 이후의 일입니다. 유가와 유가에서 분파되어 나온 법가, 특히 법가가 대체로 전국시대에서 진나라 통일 이전의 국면을 장악했습니다. 물론 이 속에는 병가兵家와 종횡가의 공헌이 포함되어 있죠.

저는 묵가墨家를 강조하지 않았습니다. 묵자墨子는 공자보다 늦습니다. 그는 겸애兼愛와 비공非攻을 주장하는 동시에 무예로 나라의 금법禁法을 침범하기도 했죠. 이 세 가지는 모두 당시 군주들이 채택하기 어려운 항목이었습니다. 후세 사람들이 흔히 주장하는 "유가에서 도피하여 묵가로 들어갔다逃儒入墨"라는 말은 묵가가 주류 사회에 참여하여 성공하지 못하자 행동을 바꿔 개인적인 무력으로 반항했다는 뜻입니다. 심지어 혁명 테러 활동도 서슴지 않았습니다. 그러나 묵가는 나중에 서쪽 진나라로 갔고, 법가가 흥성한 이후에 진나라에서 사라졌습니다. 허빙디何炳棣(1917~2012) 선생은 근래에 상앙이 도착하기 이전 진나라의 상황을 상세하게 고찰했습니다. 즉 상앙이 도착하기 이전 진나라에서는 묵가가 진 헌공獻公을 도와 나라의 형태를 바꾸면서 그때부터 나라가 강성해지기 시작했지, 상앙이 진나라의 법을 바꾼 이후에야 진나라가 강성해진 것이 결코 아니라는 것입니다. 이 고증은 묵가에 대한 우리의 인식, 법가에 대한 우리의 인식과 진나라가 강성하게 된 원인을 뒤엎었습니다. 이 상앙이란 사람이 참 재미있습니다. 그는 먼저 진 효공에게 기타 학파의 정책을 진언했지만 아무 대응이 없자 마지막에 법가 정책으로 유세합니다. 마침내 진 효공이 좋아하면서 "좋소, 그럼 법가 정책을 씁시다"라고 윤허를 하죠. 여기에서도 당시에 각 학파가 서로에 대해 매우 익숙하게 알고 있었다는 사실을 알 수 있습니다. 다만 어떤 학파를 계속 견지하느냐 아니냐가 문제였죠.

그럼 도가道家는 어떨까요? 이제 도가에 대해 말씀드리겠습니다.

도가의 주요 저작은 『노자』와 『장자』입니다.

1973년 후난성 창사長沙 마왕두이馬王堆에서 한나라 무덤을 발굴할 때 많은 유물이 출토되었습니다. 일대 사건이었죠. 당시 저는 아직도 윈난 시골에 머물고 있었는데 현縣 소재지로 가서 영화를 봤습니다. 그 시절엔 무슨 특별한 영화가 없었어요. 그런데 모든 영화를 상영할 때마다 늘 먼저 뉴스를 틀어줬죠. 무슨 '간추린 뉴스新聞簡報' 같은 것이 그것이었는데, 한 번은 마왕두이 한나라 무덤 출토 유물에 대한 뉴스가 나왔어요. 모두들 가장 흥미롭게 생각했던 것은 바로 그 부인의 시신이었습니다. 왜냐하면 시신의 보존 상태가 너무나 완벽해서 모두들 관심을 집중했죠. 그때 상하이에서 온 여학생 하나가 이렇게 말했어요. "매장은 정말 하지 말아야 해, 마나님이 천

년이 지난 후에도 남자들에게 파헤쳐져서 옷까지 이리저리 벗겨지 잖아."

출토된 유물 가운데에 문서도 한 무더기 있었는데 당시 영화관에 서는 아무도 관심을 기울이지 않았어요. 그것은 바로 『노자』 백서帛 書였죠. 백서란 비단에 쓴 글씨입니다. 여러 해 지난 후 백서의 내용 이 출간되었죠. 저는 여러분께 1996년 중화서국에서 출간한 『백서 노자교주帛書老子校注』를 추천해드립니다. 원문을 교감하고 주석을 단 사람은 가오밍高明 선생입니다. 이 『노자』 판본만 가지고 있으면 많은 노력을 줄일 수 있죠. 우리가 해야 할 일을 가오밍 선생이 모두 해놓 았기 때문에, 우리는 이 책을 보기만 하면 됩니다.

물론 그 이후 1993년에 후베이성 징먼시荊門市 궈뎬촌郭店村에서 초 나라 시기 죽간이 800여 매 1만3000여 자나 출토되어 사람들을 놀 라게 했습니다. 우리가 알아야 할 것은 장례 시기가 앞섰기 때문에 궈뎬의 죽간은 모두 진시황이 불사를 수 없었던 글이라는 사실입니 다. 그 속에는 『노자』도 포함되어 있습니다. 비록 원서의 2/3에 불과 하지만 그것만으로도 훌륭합니다. 대체로 후세에 전해진 판본과 비 교해봐도 차이가 크지 않다고 말씀드릴 수 있습니다. 그 죽간이 쓰 인 연대에 대해서는 리쉐친李學勤 선생이 기원전 300년 무렵이라고 인식했고, 그중에서 『노자』는 더욱 빨라서 전국시대 초기라고 인식 했어요. 라오쭝이饒宗頤 선생은 더 나아가서 분묘의 주인이 직하학파 와 관계가 있는 듯하다고 주장했습니다. 출토된 죽간 중에는 또 「태 일생수太一生水」 1편이 있는데 이것은 거의 『노자』에 대한 해설서라 할 수 있습니다. 뒷부분에서 여러분께 소개해드리겠습니다. 저는 이와 같은 출토 문헌에 매우 큰 관심을 갖고 있어요. 이 초나라 죽간본 『노자』에는 "아무 것도 하지 않으면서, 하지 않은 것이 없다無爲而無不爲"[63]라는 구절이 없어서 저를 깨어나게 했습니다.

　『노자』란 책을 노자가 썼느냐 아니냐에 대해 학자들 사이에 많은 논쟁이 있습니다. 저 개인적으로는 리링李零 선생의 학설에 동의합니다. 그는 노자가 공자와 동시대인 춘추 말기 사람이지만 『노자』란 책은 전국시대에 완성되었다고 주장합니다. 제 입장에서는 『노자』란 책을 노자 자신이 썼는지 아닌지는 별로 중요하지 않습니다. 중요한 것은 『노자』란 책 그 자체입니다. 우리가 익히 알고 있다시피 『노자』란 책의 또 다른 명칭은 『도덕경道德經』이죠. 마왕두이의 한나라 백서는 「도편道篇」과 「덕편德篇」으로 나뉘어 있지만, 궈뎬 죽간은 그렇게

先秦哲學 천극과 선진철학

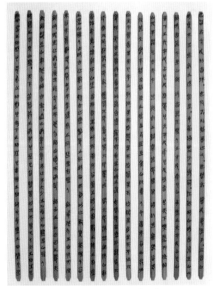

347 전국시대 죽간본 『노자』.
후베이성 징먼시 궈뎬촌, 1993년 출토.

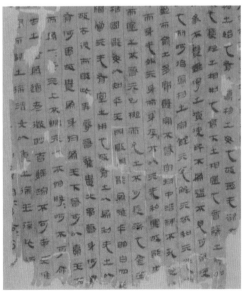

348 한나라 백서본 『노자』.
후난성 창사시 마왕두이, 1973년 출토.

구분되어 있지 않습니다. 하나로 연결되어 있는 것이 원래의 면모일 겁니다. 우리 강의에서 가장 중요한 것은 『노자』란 책이 도대체 뭘 말하고 있고, 그 핵심은 도대체 무엇이냐는 거죠.

우리는 앞의 강의에서 도상학적 방법을 이용하여 청동기의 조형 구성을 판별하면서 청동기가 천문의 별자리를 모방했고 그 핵심은 천극 숭배 즉 북극성과 천극신 숭배에 있음을 알게 되었습니다. 이 점을 알고 있으므로 『노자』에서 이야기하는 것이 무엇인지 쉽게 이해할 수 있을 겁니다.

『노자』에서는 이렇게 이야기합니다.

> 도道가 일一을 낳고, 일이 이二를 낳고, 이가 삼三을 낳고 삼이 만물을 낳는다. 만물은 음陰을 등지고 양陽을 안은 채 기氣를 가득 채우며 화합을 이룬다 道生一, 一生二, 二生三, 三生萬物. 萬物負陰而 抱陽, 冲氣以爲和.

이 대목은 현행본 『도덕경』 중 「덕편」에 해당하는 제42장에 나옵니다.

일一은 무엇입니까? 일은 바로 대일太一, 태일太一, 태일泰一입니다. 모두 천극을 가리키죠. 큰 음악은 소리가 없고, 큰 형상은 모습이 없는 법입니다.

우리는 천극이 북극성을 가리킨다는 사실을 알고 있습니다. 천극은 왜 일一일까요? 아주 간단합니다. 옛사람들 입장에서는 하늘에서 움직이지 않는 유일한 별이 북극성이라고 생각했기 때문이죠. 태양과 달을 포함한 다른 별은 모두 움직일 뿐만 아니라 마치 북극성을 둘러싸고 도는 것처럼 보입니다.

천극이란 일一이 하늘을 낳으므로 하늘은 넘버2입니다. 그 이二가 땅을 낳으므로 땅은 넘버3인 셈이죠. 그리고 땅이 숨결氣息을 생산합니다. 이전 수업에서 보여드린 량주 문화의 그 옥종(그림95)을 아직도 기억하시겠죠? 천극신 아래 거북 입 양쪽에서 한 가닥 한 가닥 가는 선이 뿜어져 나오고 있습니다. 그것은 바로 대지의 숨결이고 그 숨결이 만물을 태어나게 합니다. 그 만물에는 우리 인간도 포함되죠. 따라서 여기에서 말하는 일, 이, 삼을 저는 기수基數가 아니라 서수序數라고 생각합니다. 그럼 일은 아마도 근본적인 성질을 갖고 있겠죠. 청동기의 천극 부호는 마름모꼴이거나 중심에 위치한 원이며 동시에 천극신도 함께 조각되어 있기도 합니다. 그러나 『노자』에서는 그것을 신이라고 말하지 않고 일一이라고만 부릅니다.

그럼 그 일一은 어디에서 생겨나는 것일까요? 이미 위에서 말했죠. 그것은 도道입니다. 도가 일을 낳습니다.

만약 우리가 천극신이 바로 신이며 하느님이라고 말할 수 있다면 이것은 도가 하느님을 낳는 것이 됩니다. 하하! 조심해야 합니다. 이 말에는 신을 모독하는 의미가 숨어 있습니다. 만약 신이 유일하다면 『노자』에서는 이 유일함보다 더 높은 것이 있다고 생각하는 것이죠. 그것이 바로 도입니다. 고대 그리스 철학자들도 이런 뜻을 품고 있었습니다.

이것이 '축의 시대'의 각성일까요? 물론 그렇습니다.

도가의 도道는 유가를 포함한 전국시대 각 학파의 도를 초월합니다. 다른 학파에서는 이처럼 천지만물 심지어 태일을 초월하는 절대 의식을 전혀 갖지 않았습니다. 이 때문에 그것을 어떻게 불러야 하고 어떻게 명명해야 할까요? 참으로 어렵습니다. 그래서 『노자』「도편道篇」 제1장에서는 이렇게 말합니다.

> 도道를 말로 표현할 수 있다면 그것은 영원불멸의 도가 아니다. 이름을 이름할 수 있다면 그것은 영원불멸의 이름이 아니다. 이름 없음은 천지의 시작이요, 이름 있음은 만물의 어머니다道可道, 非常道. 名可名, 非常名. 無名, 天地之始, 有名, 萬物之母.

여기에서는 어머니만 말하고 아버지는 말하지 않는다는 사실에 주의해야 합니다.

또 『노자』 제25장에서는 이렇게 말하고 있습니다.

> 혼성으로 이루어지는 사물이 있는데 그것은 천지보다 먼저 생겨난다. 그것은 고요하고 쓸쓸하다. 홀로 우뚝하여 바뀌지 않고 두루 행해지면서도 위태롭지 않아서 천지의 어머니가 될 수 있다. 나는 그 이름을 몰라서 억지로 이름을 붙여 도道라고 한다有物混成, 先天地生. 寂兮寥兮, 獨立而不改, 周行而不殆, 可以爲天地母. 吾不知其名, 強字之曰, 道.

그럼 천지보다 먼저 생겨난 혼성물은 천극 즉 태일이 아닙니까? 아니죠. 너무 빨리 잊어버리는군요. 천극은 일一을 말합니다. 도道가

일을 낳고 일이 하늘을 낳죠. 하늘이 바로 이二입니다. 하늘이 다시 삼三을 낳으니 그것이 바로 땅이죠.

위의 『노자』 인용문에서는 "삼三이 만물을 낳은 후 만물이 음을 등지고 양을 안은 채 기를 가득 채우며 화합을 이룬다"라고 했죠. '부負'는 어떤 상태일까요? 그것은 등진다는 뜻입니다. 말하자면 우리는 하늘을 등지고 땅을 바라봅니다. 동물이 모두 그렇죠. 황토를 바라보며 하늘을 등집니다. 이러한 방향성으로 인해 하늘은 음陰이고 땅은 양陽임이 결정되죠. 왜 이러한 방향성을 갖게 됐냐고요? 왜냐하면 이렇게 해야만 기를 가득 채우면서 화합을 이루고 대지의 숨결로 만물을 운행하고 혼합할 수 있기 때문입니다.

원래 하늘은 음으로 곤坤이며 위에 있습니다. 땅은 양陽으로 건乾이며 아래에 있습니다. 이것은 진·한秦 이래로 계속 이어져온 기존 개념을 전복하는 언급이며 또 『주역』 괘卦의 위치를 전복하는 주장입니다. 하지만 여러분도 생각해보십시오. 음은 아래로 하강하는 성질이 있고, 양은 위로 상승하는 성질이 있습니다. 그래야만 음양이 서로 교합하고 기가 가득 차서 화합할 수 있습니다. 그렇지 않고 양이 위에 있으면 계속 상승만 하고 음이 아래에 있으면 줄곧 하강만 하게 되겠지요. 그럼 영원히 함께 화합할 수 없게 됩니다. 이 때문에 곤상건하坤上乾下의 모습이 되어야 합니다. 『주역』 괘의 위치는 본래 이와 같이 돼야 맞는 거죠. 본래 『노자』가 우리에게 알려주고자 하는 것도 바로 이것입니다.

자 그럼 『주역』의 괘상卦象을 한 번 볼까요. 이것이 태괘泰卦☷☰입니다. 곤坤이 위에 있고, 건乾이 아래에 있죠. 이것은 비괘否卦☰☷입니다.

건이 위에 있고, 곤이 아래에 있습니다. '否'는 '비'로 읽습니다. 「비괘·상전象傳」에서는 비괘의 괘상을 이렇게 풀이하고 있습니다. "하늘과 땅이 교접하지 않는 것이 비否다天地不交, 否." 우리는 흔히 '비극태래否極泰來'라는 말을 씁니다. 나쁜 상황이 극점에 이르면 상태가 호전된다는 뜻이죠. 그러나 이것은 소원이겠죠. 결국 『노자』 「덕편」 제42장 첫머리에 나오는 이 말은 『노자』의 벼리입니다. 이 벼리를 들면 그물눈이 확 펼쳐지게 되죠.

이 때문에 우리는 이제 왜 『노자』에서 계속 반복해서 음陰, 유柔(부드러움), 약弱(약함), 허虛(텅 빔), 자雌(암컷), 하下(아래), 수水(물), 약수若水(물과 같음)를 이야기하는지 이해할 수 있게 되었습니다. 왜냐하면 음이나 땅坤이 결정적인 작용을 하기 때문입니다. 그러나 『주역』은 양이나 하늘乾이 결정적인 작용을 합니다. 따라서 "하늘의 운행은 강건하여 군자는 스스로 굳세게 노력하며 쉬지 않는다天行健, 君子以自强不息"라고 합니다. 하늘이 만약 음이라면 어떻게 운행이 강건할 수 있겠습니까? 1970년대에 저는 아직도 윈난에 있었는데, 한번은 광시에 간 적이 있습니다. 그때 저는 어느 마을 작은 여관에서 어떤 중년 남자가 어떤 사람을 위해 점괘를 뽑아주는 걸 봤어요. 곤괘坤卦를 앞세워서 괘를 뽑는 방법이 참으로 경이로웠어요. 제가 왜 그렇게 하느냐고 물었죠. 그러자 그는 저를 한참 바라보더니 그냥 되는대로 하고 있다고 하면서 저보고 어디서 왔느냐고 묻더군요. 저는 하방된 학생이라고 말해줬죠. 그는 안도의 한숨을 내쉬며 저를 현에서 온 사람으로 생각했다더군요. 그리고 자신이 점괘를 뽑는 방법은 옛 어르신들로부터 전수받은 것이라고 했어요. 저는 이 안경 때문에 많은 일을 망쳤어요. 사람들은 늘 제 안경을 보고 당 간부라고 오해를 하곤 했죠. 옛날에는 간부가 되어야 돈을 많이 벌어서 안경을 살 수 있었죠.

저는 나중에도 늘 서남 지역을 생각했습니다. 이후 1970년대 말에 어떤 저명한 화가가 윈난에 왔습니다. 그때 저의 쿤밍昆明 친구가 이 기회에 산을 내려가 현縣에서 그 화가를 좀 만나보자고 하더군요. 사실 주요 목적은 현으로 간 김에 고기나 좀 먹자는 것이었죠. 서로 만난 후 화가는 붓을 들어 화선지에 '천행건天行健'이란 글씨를 써주고 제게 당부하기를 앞으로 좋은 형편을 만나려면 열심히 노력하라고 하더군요. 저는 이건 정말 글씨와 상황이 전혀 맞지 않는다고 생각하고 그의 호의를 거절했어요. 지금 생각해보면 제가 당시에 정말 안목이 짧았던 것 같아요. 그 글씨를 지금까지 보관했더라면 팔아서 큰돈을 벌 수 있었을 텐데 말이죠.

이제 『노자』에서 다시 공자를 언급하고자 합니다. 공자는 만년에 『역易』을 배우며 '위편삼절韋編三絶'의 지경에 이르렀다고 하죠. 그것은 죽간을 너무 많이 뒤적거려서 죽간을 매어놓은 소가죽 끈이 여러 번 끊어졌다는 말입니다. 『논어』「술이」 편에는 공자의 마지막 감탄이 기록되어 있습니다. "〔하늘이〕 내게 나이를 몇 년만 더 보태주어 쉰 살까지 『역』을 공부할 수 있게 하면 큰 허물이 없게 될 수 있을 것이다加我數年, 五十以學易, 可以無大過矣." 공자는 또 이렇게 말했죠. "서른에 자립했고, 마흔에 미혹되지 않았고, 쉰에 천명을 알았다."

공자는 『역』을 배우면서 왜 이와 같은 감탄을 했을까요? 『예기』「예운」에 그 비밀이 드러나 있습니다.

공자께서 말씀하셨다. '나는 은나라의 도道를 보고 싶었다. 이 때문에 송나라로 갔으나 증거가 될 만한 것이 없었고, 『곤건坤乾』 이란 책을 얻었다.'孔子曰, '我欲觀殷道, 是故之宋, 而不足征也, 吾得坤乾焉.'

본래 공자는 은나라 괘卦의 순서가 주나라의 그것과 다르다는 사실을 발견했습니다. 은나라의 괘는 곤坤이 앞에 있고, 주나라의 괘는 건乾이 앞에 있었던 거죠.

은: 곤坤, 건乾, 태兌, 간艮, 이離, 감坎, 손巽, 진震

주: 건乾, 곤坤, 진震, 손巽, 감坎, 이離, 간艮, 태兌

이렇게 해서 우리는 소위 주 문왕이 『역』에서 무엇을 연역했는지 알 수 있게 되었습니다. 그는 은나라 괘의 순서를 뒤집어서 건乾을 첫머리에 놓았습니다. 여기에서도 문왕의 아들 무왕이 은나라를 정벌할 때 첫 번째 죄목으로 '빈계사신牝鷄司晨(암탉이 새벽에 울었다)'을 꼽았음이 이상한 일이 아님을 알 수 있죠. 주나라 무왕의 혁명은 당연히 혁명이죠. 그것은 곤건坤乾을 건곤乾坤으로 뒤집은 혁명입니다.

전설에 따르면 공자가 세상을 떠난 후 자하는 공자가 전한 은나라 역易 『귀장歸藏』을 위魏나라로 가져갔고, 이후 진晉나라 태강太康 연간에 급총汲冢의 위 양왕襄王 무덤에서 『귀장』이 『죽서기년竹書紀年』 『목천자전穆天子傳』과 함께 출토되었다고 합니다. 또 전설에 따르면 하나라 역은 『연산連山』이라고 부른다고 합니다.

1993년 3월 후베이성 장링현江陵縣 징저우진荊州鎭 잉베이촌郢北村 왕자타이王家臺 15호묘에서 진秦나라 죽간이 다량 출토되었습니다. 그중에 『역』점 죽간 394쪽 약 4000여 자도 포함되어 있었죠. 학자들은 대체로 그것이 『귀장』의 일부이며 전국시대 말기의 초본이라고 인식하고 있습니다.

자하는 공자의 예禮를 전했습니다. 『예기』「악기樂記」에서는 큰 도道를 다음과 같이 이야기하고 있습니다.

> 땅의 기氣는 상승하고 하늘의 기는 하강하여 음양이 서로 만나 천지가 움직인다. 번개와 우레로 두드리고, 바람과 비로 떨쳐 일어나게 하고, 사시四時로 움직이고, 해와 달로 따뜻하게 하면 만물의 화육化育이 일어나게 된다地氣上齊, 天氣下降, 陰陽相摩, 天地相蕩. 鼓之以雷霆, 奮之以風雨, 動之以四時, 暖之以日月, 而百化興焉."

이것은 정말 『노자』에 나오는 "음陰을 등지고 양陽을 안은 채 기氣를 가득 채우며 화합을 이룬다"라는 구절의 유가판이라 할 수 있죠. 이런 상황을 살펴보면 공자는 마지막에 은도殷道로 귀의했고 그것을 제자들에게 전수했음을 알 수 있습니다.

자, 그럼 다시 『노자』로 돌아가겠습니다. 『노자』의 도道는 은나라에서 기원했을까요? 게다가 『노자』에서는 '현빈玄牝'을 이야기하고 있죠. 비교해보면 앞에 나온 '빈계사신'은 정말 플라이급에 불과합니다. 권투에서 가장 가벼운 체급이 플라이급이죠. 저 같이 몸이 허약한 사람은 플라이급도 당해낼 수 없습니다. 『노자』에서는 이렇게 이야기합니다.

> 계곡의 신은 죽지 않나니, 이를 현빈이라 한다. 현빈의 문, 이것
> 을 천지의 뿌리라고 한다. 끊임없이 존재하면서 써도 써도 다하
> 지 않는다谷神不死, 是謂玄牝. 玄牝門, 天地根, 綿綿若存, 用之不勤.

'현玄'이란 무엇일까요? 현은 검은 자주색입니다. 미술 디자인을
배운 사람은 모두 검은색과 흰색은 색깔이 아니라 명도明度임을 알
고 있을 겁니다. 그런데도 흰색과 검은색이라고 말하는 것은 세속의
습관적인 명칭을 따르는 것일 뿐입니다. 그럼 검은 자주색은 어떤 색
깔일까요? 우리는 앞서 수업 시간에 이미 본 적이 있습니다. 그것은
바로 먀오족 자수에 사용하는 직물의 바탕색입니다. 이러한 색깔은
여러 차례 염색을 해야 얻을 수 있죠. 아주 오래된 기술인데 틀림없
이 신석기시대부터 전해져 내려왔을 겁니다. 우리는 밤에 하늘을 보
죠. 오래 보고 있으면 하늘이 현색玄色임을 알 수 있습니다. 그럼 '빈
牝'은 또 무엇일까요? 빈은 바로 동물 암컷의 생식기입니다. 따라서
현빈은 바로 암컷의 검붉은 생식기입니다.

1990년대 말 리안李安은 『와호장롱臥虎藏龍』을 촬영할 때 그가 쓴
타이완 편극 시나리오를 저에게 좀 고쳐달라고 했어요. 저는 시나리
오를 읽어본 후 저우룬파周潤發가 연기하는 검술을 왜 현빈검법玄牝劍
法이라고 명명했는지 물어봤습니다. 그는 그런 이름을 붙여야 좀 오
묘하게 느껴지기 때문이라고 하더군요. 제가 현빈의 뜻을 설명하자
그는 깜짝 놀랐어요. 그러나 고칠 생각은 없다고 하더군요. 그래서

坤　震　兌　乾　巽　艮　坤　　　　　　離　坎

여기까지 강의하고 이제 괘상卦象을 좀 보도록 하겠습니다. 여러분은 잘 몰라도 상관없습니다. 모든 선입관을 버리고 단순하게 괘상의 이미지를 보면 됩니다. 먼저 팔괘八卦의 이괘離卦와 감괘坎卦는 한쪽에 미뤄두고 쓰지 않겠습니다. 끊어지지 않은 양효陽爻와 중간이 끊어진 음효陰爻를 증감 순서에 따라 배열해보겠습니다. 우리는 이 배열을 통해 곤괘坤에서 건乾으로 갔다가 다시 곤으로 회귀하는 질서 이미지를 볼 수 있습니다. 전한시대 경방京房은 이 여섯 괘를 이용하여 점을 쳤다고 합니다.

다시 똑같은 원리로 64괘에서 12괘를 뽑아 아래와 같이 배열해봤습니다. 역시 곤에서 건으로 갔다가 다시 곤으로 회귀합니다. 이들 괘의 상호 증감 질서가 더욱 세밀해졌음을 관찰할 수 있습니다.

제가 그럼 저우룬파에게 검은색 검을 들게 하는 것이 좋겠다고 했죠.

『노자』는 우리에게 별점 4개 이상의 영화를 제공해주진 않습니다. 『노자』는 현빈을 도道에 비견하면서 계곡의 신은 죽지 않고, 천지의 뿌리가 된다고 했으므로 현빈을 당연히 상위에 둔 것이죠. 이와 같은 비유와 이와 같은 형상에는 은나라나 그 이전의 초기 모계 사회로 돌아가자는 뜻이 포함되어 있을 겁니다.

『노자』는 제후들이 패권을 다투던 전국시대에 출현했습니다. 이러한 철학을 설파한 내면에는 전제제도를 우려하는 현실성이 포함되어 있습니다. 『노자』에서는 이렇게 인식합니다. "위에 있는 것은 하늘이고 최고의 권력이다. 그것은 음陰이며 곤坤이므로 부드러워서 아래로 스며든다. 그것은 마치 비단처럼 아랫자리의 형체에 따라 부

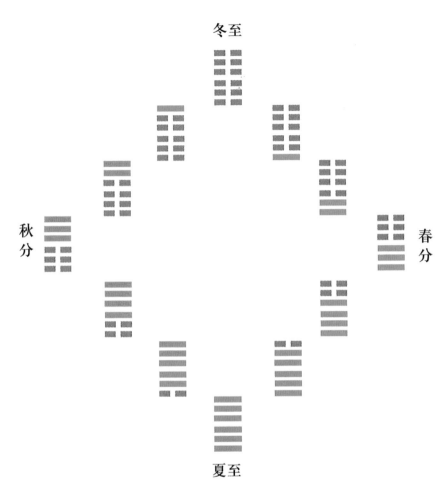

이 순환도를 이어보면 1년 중 동지, 춘분, 하지, 추분에서 다시 동지로 돌아오는 사계절의 변화를 관찰할 수 있는 동시에 동지, 하지, 춘분, 추분이 북, 동, 남, 서 네 방향과 서로 호응하고 있음을 관찰할 수 있습니다. 저는 이전에 시골로 하방되었을 때 농민들이 농사를 지으면서 '상칭墒情'하는 것을 본 적이 있습니다. 즉 파종할 시기가 되면 밭으로 가서 괭이로 땅을 좀 파고 손으로 흙을 비벼보며 땅의 온도와 습기를 판단하는 것이죠. 그것이 적당하다고 판단되면 쟁기로 밭을 갈고 써를 뿌립니다. 1923년 독일 물리학자 막스 플랑크Max Planck(1858~1947)가 난징南京에 와서 엔트로피entropy에 대해 강의한 적이 있습니다. 이 단어는 에너지의 전환을 의미합니다. 그런데 당시 후강푸胡剛復(1892~1966) 선생이 이 말을 번역하여 '상치熵'이라고 했죠. 이것은 '상墒'의 개념을 활용한 것인데, 참으로 훌륭한 조어造語입니다. 하지만 엔트로피란 단어도 조어입니다. 독일 물리학자 루돌프 클라우지우스Rudolf Clausius(1822~1888)가 1865년에 창조하여 그가 제기한 열역학 제2법칙을 설명할 때 사용했습니다. 영구기관은 왜 불가능할까요? 그것은 바로 열역학 제2법칙에 부합하지 않기 때문입니다.

이제 마지막으로 이괘와 감괘를 모두 넣고 괘상을 조합하여 위의 순환도를 보충해보겠습니다. 자, 됐네요. 괘상의 증감 관계가 더욱 커지고 세밀해졌죠. 부분적으로 사소한 증감의 반복이 드러날 정도로 세밀해졌습니다. 그러나 전체 형세는 막히지 않고 진진하여 결국 시작점인 곤坤으로까지 순환하고 있습니다. 만약 우리가 64괘를 전부 보충해넣는다 해도 똑같은 양상으로 이처럼 순환할 겁니다. 다만 여러분이 이와 같이 보충하는 일에 재미를 느낀다면 스스로 해보시기 바랍니다.

드럽게 덮인다. 혹은 물처럼 자신의 고유한 형체도 없이 오직 아랫자리의 형체에 따라 움직일 뿐이다. 아래에 있는 것은 땅이다. 그것은 양陽이며 건乾이므로 강건해서 위로 솟구친다. 또 자신의 형체가 있고 창조력이 있다." 이렇게 인식해야만 음陰을 등지고 양陽을 안은 채 기氣를 가득 채우며 화합을 이룰 수 있습니다.

만약 위에 있는 것이 강철판처럼 강하고 그것이 아래로 내려온다면 아래에 있는 것은 모두 납작하게 압살될 겁니다. 그렇지 않습니까?

『노자』에서는 회귀식 각성을 추구합니다. 공자는 현세형 각성자로 목표는 자유 상태입니다. 내 마음이 하고 싶은 대로 해도 법도를 넘지 않는 것이죠. 『노자』의 각성도 공자와 마찬가지로 괴력난신을 말하지 않고, 오직 천지간에 기를 가득 채워 화합을 추구합니다. 원시 유가와 원시 도가는 전혀 충돌하지 않습니다. 이 두 학파는 공동으로 '축의 시대'에 중국인의 각성을 이끌며 자자손손에게 그 이상을 밝게 보여주고 있습니다.

은나라 역易을 '귀장'이라고 불렀음을 상기해보면 1년의 처음과 끝이 결국 겨울 갈무리冬藏로 귀착된다고 말하지 않을 수 있겠습니까?

요컨대 도상으로만 살펴보면 위의 괘상들은 마치 관측표처럼 보입니다. 최초에는 틀림없이 관측도구로 해 그림자의 변화를 관측했을 겁니다. 나중에 다시 기온과 기상의 변화 기록이 추가되었겠죠. 농경사회에서는 역법曆法에 대한 요구가 엄격합니다. 인간의 의지로 바꿀 수 없고, 또 인간의 외재적인 느낌에 따라 혼란스럽게 할 수 없습니다. 예를 들면 비록 날씨가 추워져서 땅이 꽁꽁 얼더라도 입춘立

春은 다가오기 마련이죠. 이러한 태도에는 기실 과학적인 태도가 포함되어 있습니다.

물론 우리는 갑골과 청동기로부터 상나라와 주나라 시기에 기록된 괘상이 지금과 다른 모습임을 관찰할 수 있습니다. 그것들은 대부분 '一'과 '八'의 모습으로 되어 있죠. 또 당연한 이야기지만 이러한 괘를 이용하여 아주 일찍부터 인간의 길흉과 운명을 점쳐왔습니다. 그러나 이것은 수업 범위에 들어 있지 않습니다. 우리의 수업은 도상을 분석하는 것이니까요.

『노자』의 우주관은 이러한 괘상과 연관되어 있습니다.

장자莊子는 어떨까요? 물론 도가에 속하고 『노자』의 천도관天道觀과 같은 모습을 보여줍니다. 『장자』「전자방田子方」에도 "지극한 음은 엄숙하고, 지극한 양은 찬란하다. 엄숙한 것은 하늘에서 나오고, 찬란한 것은 땅에서 피어난다至陰肅肅, 至陽赫赫. 肅肅出乎天, 赫赫發乎地"라는 구절이 있죠. 이것도 『노자』와 마찬가지로 하늘은 음이고 땅은 양이며 위는 곤坤이고 아래는 건乾이라는 인식입니다. 그러나 장자의 인생관과 사회관은 『노자』와 그다지 일치하지 않습니다. 세상을 피해 사는 데 중점을 두며 육신 보존을 중시합니다. 이러한 의식은 위진남북조 시대에 충분히 구현되었습니다. 『세설신어世說新語』에는 혜강 嵇康 등 죽림칠현竹林七賢[64]과 대소 명인들의 행적이 기록되어 있는데 모두들 속세를 피해 살았어요. 미친 승려로 가장하기도 하고 괴상한 행동을 하기도 했죠. 그런 행동을 이른바 명사풍도名士風度라고 했어요. 우리가 알아야 할 것은 당시의 명사들이 기실 모두 각급 관리들이었다는 사실이에요. 관리들이 그렇게 괴상하게 놀아야 명사풍도가 있다고 인정을 받았죠. 아웃사이더들은 직장이 없기 때문에 더 없이 괴상하게 놀아도 미안하지만 풍도가 있다고 쳐주지 않았어요. 아무도 상관하는 사람이 없으니까요. 저는 이 바지를 오랫동안 빨지 않았고, 수염도 깎지 않았어요. 그럼 명사풍도가 있는 것일까요? 아닙니다. 저는 체제 안에 있지 않고 진짜 교수도 아니에요. 따라서 구질구질하고 불결한 사람으로 간주될 뿐이죠. 지금 만약 외교부 장관께서 어떤 의식에 출석하여 맨발에 구두를 신었다면 명사풍도가 있다고 인정받을 텐데요. 그런데 감히 그렇게 할 수 있을까요? 혜강은 생명의 위협을 받았죠. 그래서 바보를 가장했지만 끝내 목이 잘리고 말았습니다. 목이 잘리기 전에 본래의 모습을 드러내고 「광릉산廣陵散」이란 곡을 연주했습니다. 「광릉산」은 협객 섭정聶政이 한韓나라 재상 협루俠累(한괴韓傀)를 암살하는 이야기를 내용으로 하고 있죠. 혜강은 연주를 마친 후 "「광릉산」이 오늘에 이르러 끊어졌다廣陵散於今絕矣"라고 길게 탄식했습니다. 금곡琴曲이 어떻게 끊어질 수 있겠습니까? 이 말은 협의俠義의 정신이 사라졌다는 의미이겠죠.

그러나 저는 이 강의를 통해 여러분에게 중국 조형사에서 장자가 끼친 공헌을 특별히 소개하고자 합니다. 이 공헌은 최초의 의미를 지니고 있습니다. 장자는 어떤 땅에 고목이 남아 있다면 그것은 대부분 구부정하고 비틀어진 나무들일 뿐인데 그럼 다른 나무들은 어디로 갔냐라고 의문을 제기하죠? 다른 나무들은 일찍 베어졌습니다. 왜 베어졌을까요? 나무가 곧아서 재목이 될 수 있고 쓸모가 있기 때문이죠. 따라서 일찌감치 베어져서 대들보나 기둥이 되고, 대문이나 창문 또는 관재棺材가 되기도 합니다. 그러나 고목들은 베어가는 사람이 없습니다. 곧지 않아서 쓸모가 없기 때문에 살아남은 거죠. 장자는 또 각종 신체가 추악한 사람들을 거론합니다. 대부분은 동일한 의미를 담고 있죠. 장자는 그들을 진인真人이라고 부릅니다. 후세 사람들이 늘 말하는 도가의 '은자隱者'는 기실 노자가 아니라 장자로부터 비롯된 형상입니다.

장자는 비록 위에서 든 예로 세상 피하기를 강조했지만 오히려 이 대목에서 유명한 미학 명제 하나를 표출하고 있습니다. 우리는 그것을 '심추審醜'라고 부를 수 있을 겁니다. '심미審美'라는 말은 일본어 어휘인데요. 아이스테시스aesthēsis을 번역한 말입니다. 기실 중국어의 감상이란 말이 바로 그 뜻을 갖고 있죠. 본래 심추란 단어는 없었지만 심미란 말과 대조하여 착시 효과를 노릴 수 있고 또 장자의 명제를 설명하기에도 딱 좋은 어휘입니다. 중국의 전통 조형 예술에는 '추악하고 기괴하고 비루한醜怪陋' 조형이 즐비합니다. 하지만 그것을 이상하게 생각하지 않습니다. 우리의 예술 선배님들은 더더욱 이상하게 여기지 않고 그것의 품격을 나누기도 했죠. 상이한 견해가 있을 수 있지만 저는 신품神品을 최고로 칩니다. 신품은 사람이 만들어낸 것이 아니라 조화옹이 빚어낸 것과 같습니다. 다음은 일품逸品이죠. 가장 자유로운 상태를 표현한 것입니다. 그 다음은 능품能品인데 공부를 해서 도달할 수 있는 경지죠. 우리는 흡족해하는 작품이지만 외국인이 볼 때는 검은 덩어리, 검은 점, 검은 선에 구부러지고 뒤틀린 모습일 수도 있습니다. 공포까지는 느끼지 않을 겁니다. 그런데 여러분은 왜 그런 기괴한 것을 좋아합니까? 특히 괴석怪石은 그 모습이 해골과 같은데 말이죠.

100여 년 전에 모더니즘이 일어난 이후 서구의 조형에도 심추가 출현하기 시작했습니다. 목전의 포스트모더니즘에 이르러서는 추악하고 기괴한 조형이 더욱 극성을 부리고 있죠. 제가 지금 그 사례를 열거할 필요도 없겠죠. 여러분이 지금 배우고 있을 테니까요. 길은 달라도 결과는 같게 되었습니다. 하지만 중국에서 이 심추의 근원을 연 사람이 바로 장자라는 사실을 알아야 합니다.

다음 자료는 쉽게 찾을 수 없는 글입니다. 제가 여기서 제공해드리는 문건은 궈뎬 죽간에서 발견된 「태일생수」입니다. 이 글을 읽어보면 『노자』에서 말한 "되돌아가는 것은 도의 운동이다反者, 道之動"[65]라는 구절을 분명하게 이해할 수 있을 겁니다. '反'이란 '返되돌아가다'의 뜻이 되어야 합니다. 그런 과정에서 기를 가득 채워 화합하는 것입니다. 이 글이 말하는 내용은 운동 순환의 사이클인데 바로 '화합和'의 운동방식이죠. 이 문건은 정말 찾기 어려운 도가의 자료입니다.

태일이 물을 낳다太一生水

태일이 물을 낳는다. 물은 돌아가 태일을 돕고 이로써 하늘을 이룬다. 하늘은 돌아가 태일을 돕고 이로써 땅을 이룬다. 하늘과 땅은 〔또 서로 돕는다.〕 이러한 까닭에 귀신과 신명을 이룬다. 귀신과 신명은 또 서로 돕는다. 이러한 까닭에 음과 양을 이룬다. 음과 양은 서로 돕는다. 이러한 까닭에 사계절을 이룬다. 사계절은 또 〔서로〕 돕는다. 이러한 까닭에 추위와 더위를 이룬다. 추위와 더위는 서로 돕는다. 이러한 까닭에 습함과 건조함을 이룬다. 습함과 건조함은 서로 도우며 한 해를 이루고 멈춘다.

이 때문에 해歲라는 것은 습함과 건조함이 낳은 것이다. 습함과 건조함이란 추위와 더위가 낳은 것이다. 추위와 더위란 [사계절이 낳은 것이다.] 사계절이란 음과 양이 낳은 것이[다.] 음과 양이란 귀신과 신명이 낳은 것이다. 귀신과 신명이란 하늘과 땅이 낳은 것이다. 하늘과 땅이란 태일이 낳은 것이다.

이러한 까닭에 태일은 물속에 숨어 있다가 때에 맞춰 운행한다. 한 바퀴를 돌아 다시 [시작하면서 자신을] 만물의 어머니로 삼는다. 한 번 줄였다가 한 번 채우면서 자신을 만물의 경經으로 삼는다. 이것은 하늘이 죽일 수 없고, 땅이 매장시킬 수 없고, 음양이 완성할 수 없다. 군자는 이것을 일러 [도道]라고 한다.

천도天道는 약함을 귀하게 여기고 완성된 것을 깎아서 생겨나는 것에 보태준다. 강한 것을 치고 [단단한 것을] 질책하여 [부드럽고 약한 것을 도와준다.]

아래에 있는 것은 흙이다. 그것을 땅이라 한다. 위에 있는 것은 기氣다. 그것을 하늘이라 한다. 도道가 또한 그것의 자字이고 청혼靑昏(淸渾)이[66] 그것의 이름이다. 도로써 일에 종사하는 사람은 반드시 그 이름에 기탁하기 때문에 일을 이루고 몸도 성장한다. 성인이 일에 종사할 때도 그 이름에 기탁하기 때문에 공을 이루고도 몸이 상하지 않는다. 천지는 이름을 나란히 하기 때문에 올바른 방향을 잃어버리면 [타당함을] 생각할 수 없다.

〔하늘은〕서북쪽이〔부족하므로〕그 아래의 땅은 높고 험준하다. 땅은 동남쪽이 부족하므로 그 위의 하늘은〔낮고 허약하다.〕〔위가 부족하면〕아래에서 넉넉하고, 아래가 부족하면 위에서 넉넉하다.

太一生水. 水反輔太一, 是以成天. 天反輔太一, 是以成地. 天地[復相輔]也, 是以成神明. 神明復相輔也, 是以成陰陽. 陰陽復相輔也, 是以成四時. 四時復[相]輔也, 是以成滄熱. 滄熱復相輔也, 是以成濕燥. 濕燥復相輔也, 成歲而止.

故歲者, 濕燥之所生也. 濕燥者, 滄熱之所生也. 滄熱者, [四時之所生也.] 四時者, 陰陽之所生[也]. 陰陽者, 神明之所生也. 神明者, 天地之所生也. 天地者, 太一之所生也. 是故太一藏於水, 行於時. 周而又[始], [以己爲]萬物母; 一缺一盈, 以己爲萬物經. 此天之所不能殺, 地之所不能埋, 陰陽之所不能成. 君子知此之謂[道].

天道貴弱, 削成者, 以益生者; 伐於強, 責於[堅], [以輔柔弱.]

下, 土也, 而謂之地. 上, 氣也, 而謂之天. 道亦其字也, 靑昏其名. 以道從事者, 必托其名, 故事成而身長; 聖人之從事也, 亦托其名, 故功成而身不傷. 天地名字並立, 故過其方, 不思相[當]. [天不足]於西北, 其下高以強; 地不足於東南, 其上[低以弱]. [不足於上]者, 有餘於下; 不足於下者, 有餘於上.

　　뒤죽박죽 뒤섞인 문장이 한 길로 미친 듯 내달리며 때로는 상세하고 때로는 간략하게 서술하고 있습니다. 다만 저는 여러분이 이 글을 통해 이 과목의 근본적인 대의를 터득할 수 있기를 바랍니다.

동아시아 문명에 대한 추측

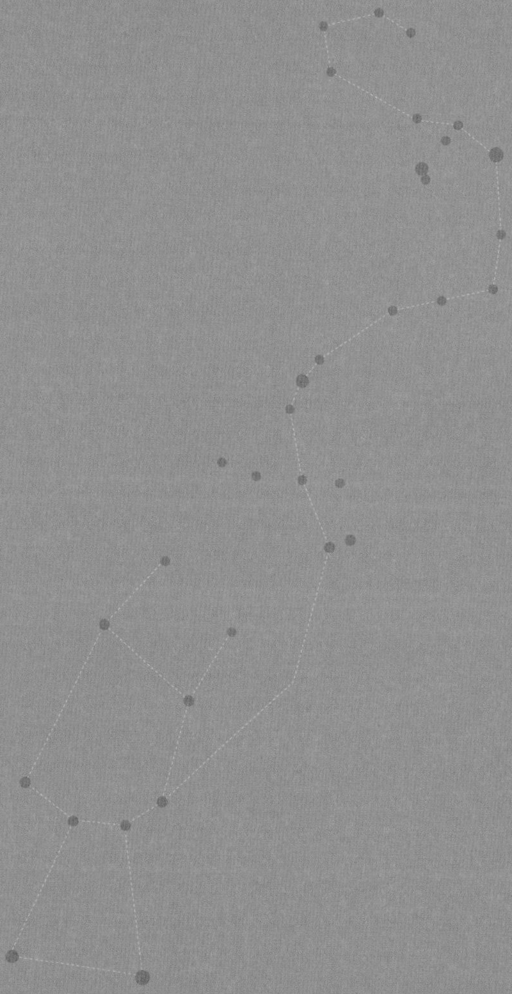

추측은 아주 위험한 일이지만 저는 그래도 추측해보려 합니다. 왜냐하면 저의 추측은 전혀 근거 없는 것이 아니기 때문입니다. 저는 다만 우리의 사고를 확대할 수 있기를 바랄 뿐입니다.

2004년 베이징 신세계출판사와 미국의 예일대학출판부가 각각 중국어와 영어로 『중국 문명의 형성中國文明的形成: The Formation of Chinese Civilization』이란 책을 동시에 출판했습니다. 장광즈와 쉬핑팡徐苹芳 두 사람이 주편主編을 맡았죠. 이 책에 지도 한 장(그림349)이 들어 있는데요. 이 지도에 마지막 빙하기의 동아시아 대륙 범위가 표시되어 있습니다. 당시 중국 대륙과 지금의 한반도 및 일본 열도는 모두 하나로 연결된 육지였습니다. 지금은 낮은 지역이 바다 속으로 침몰하여 발해, 황해, 동중국해의 대륙붕이 되었죠.

마지막 빙하기는 현재에서 가장 가까운 시기에 발생했습니다. 마지막 빙하기는 제4기 경신세更新世에 발생했고, 주로 북반구를 덮었

349 마지막 빙하기의
중국 동부 환경도,
『중국 문명의 형성
中國文明的形成』에서 재인용

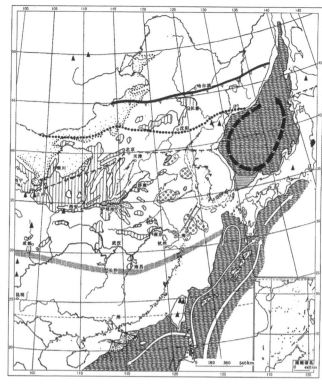

동아시아 문명에 대한 추측

연속 영구동토 남쪽 경계

불연속 영구동토 남쪽 경계 및 털매머드Mammuthus primigenius 집중 분포지역

섬 모양 영구동토 남쪽 경계

황토 분포 남쪽 경계

사막

황토

옛 물길 및 옛 물길 추측 지대

삼각주 및 충적선상지

빙하 및 설선雪線 고지

석회석 용해 지역 및 석회질 사암 집중 분포 지역 대륙붕 부분

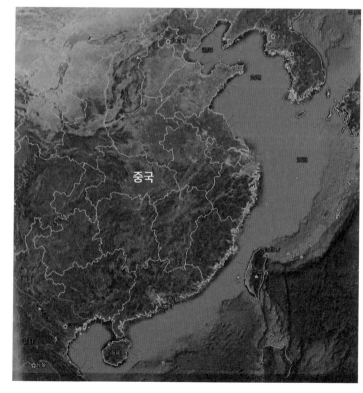

350 얕은 바다의
대륙붕이 드러난
위성사진.
붉은 화살표는
대륙붕 문명이 육지로
상륙한 지역이다.
추측에 의거했다.

죠. 대략 11만 년 전에 시작되어 1만8000년 전에 극성했으며, 기원전 9700년에서 기원전 9600년 사이에 끝났습니다. 물론 이 기간에도 여러 번 빙하의 전진과 후퇴가 있었죠. 그 후 지구가 따뜻해지자 빙하가 녹으면서 해수면이 상승했고 이에 따라 세계적인 범위의 대홍수가 발생했습니다. 『성경』에 나오는 대홍수와 중국의 홍수 전설은 모두 이 시기의 홍수를 반영한 내용일 겁니다.

지금의 위성사진으로도 홍수의 결과를 관찰할 수 있습니다. 중국과 한반도 및 일본 열도는 바다로 가로막혀 있고, 얕은 바다의 대륙붕도 알아볼 수 있죠. 이 위성사진은 위의 지도와 기본적으로 일치합니다.

신리궈辛立國 등은 2006년 『중국 해양대학 학보中國海洋大學學報』 제

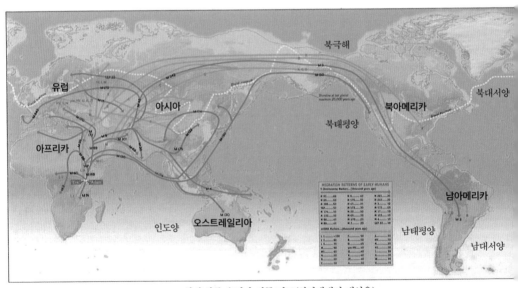

351 현대 인류 유전자 이동 지도(인터넷에서 재인용)

5기에 「2만 년 동안 진행된 동중국해의 해수면 변화 분석中國東海2萬年來海平面變化分析」이란 논문을 발표했습니다. 이 논문은 1970년대부터 시작된 대형 국제 협력 프로젝트입니다. 이 프로젝트는 퇴적과 산호초로 형성된 대지臺地에 대한 연구를 통해 상이한 영역 연구자들의 공통 인식을 이끌어냈습니다. 그 공통 인식은 바로 마지막 최대 빙하기LGM의 해수면이 현재의 해수면보다 120~135미터 낮았다는 것입니다.

1980년대 이래 시추로 채집한 주상柱狀에 대한 분석을 통해 경신세 이후 동중국해 대륙붕의 최저 해수면이 현재의 해수면보다 157미터나 낮았다는 사실을 밝혀냈습니다. 동시에 당시의 동중국해 대륙붕도 지금처럼 낮지 않았습니다. 왜냐하면 조사 분석에 따르면 동중국해 대륙붕 가장자리는 경신세 말기에 두 차례 단층 운동으로 침강되었기 때문이죠.

그런데 이런 대륙붕이 문명과 무슨 관계가 있을까요? 당연히 관계가 있습니다. 앞의 자료를 통해 동중국해 대륙붕이 지금부터 1만 년도 채 되지 않은 시점까지 육지였을 뿐 아니라 아주 평탄했고, 기후도 지금의 소위 중원이라고 불리는 곳보다 다습했으며, 그곳에 거주한 인류는 틀림없이 구석기시대에서 신석기시대로 넘어가는 과도적 문명에 도달했으리란 사실을 알 수 있습니다. 이 문명의 영역은 틀림없이 광대해서 북쪽으로는 현재의 발해만과 한반도에 이르렀고, 동쪽으로는 일본에 이르렀고, 남쪽으로는 타이완에 이르렀으며, 서쪽으로는 하이난섬海南道과 베트남 통킹만에까지 이르렀을 것입니다. 그리고 지금의 이른바 중국 대륙, 한반도, 일본 열도는 당시에 고

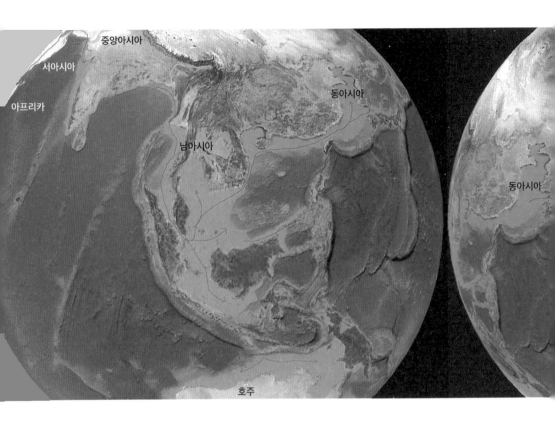

중앙아시아

서아시아

아프리카

동아시아

남아시아

동아시아

호주

원으로 간주되었겠죠.

　이후의 도작문명稻作文明은 먼저 이 광활한 지역의 온난다습한 기후를 배경으로 출현해서 하나의 도작문명권을 형성했을 겁니다. 그리고 이 문명권은 마지막에 비교적 드넓고 통일된 북극성과 천문 숭배 신앙을 갖게 되면서 자신의 원시종교를 형성한 뒤 다시 아시아 북방을 향해 그 영향력을 확대했을 것입니다. 이렇게 확대했을 것이라는 저의 추측은 아시아 인류의 유전자 이동 경로에 근거한 것입니다. 아시아 유전자 이동 지도는 최초의 인류 유전자가 10만 년 전 아프리카로부터 전해졌으며, 3만 년 전에 또 한 차례 전파가 있었음을 밝혀주고 있습니다. 자! 저는 여러분이 이에 대해 공감하지 않는다

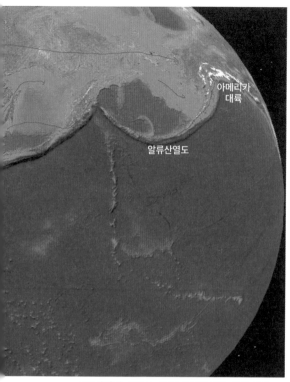

아메리카
대륙

알류산열도

352 바다밑 대륙붕. 연한 파랑색 부분 위성 사진

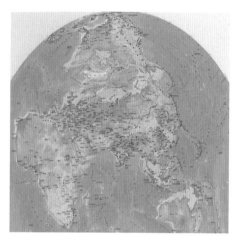

353 세로판 세계지도竪版世界地圖(부분).
제공자 하오샤오광郝曉光

그림351의 현대 인류 유전자 이동 지도를 보고 나서, 다시 바다 밑 대륙붕을 나타내는 그림352를 보면 연한 파랑색 대륙붕이 서로 이어져 있음을 발견할 수 있죠. 마지막 빙하기 말기까지도 이 연한 파랑색 부분 즉 대륙붕 부분은 육지여서 바닷물이 아직 그곳까지 차오르지 않았습니다. 우리는 조상들의 이동 노선이 빙하기 때 노출된 대륙붕을 따라 진행되었음을 깨달을 수 있죠. 저는 빨간 선으로 인류가 대륙붕을 따라 이동한 노선을 대략 표시해놓았습니다. 1만 년 전 빙하가 녹은 후 해수면이 상승했는데, 저는 그림351을 해수면 상승 후의 대륙적 사유라고 부릅니다. 대륙적 사유는 때때로 우리의 사유를 차단합니다.

그림353은 중국과학원의 측량을 거쳐 지구물리연구소 연구원 하오샤오광 선생이 그린 세로판 세계지도입니다. 지금까지와는 완전 다르게 세계를 바라보고 있죠. 대륙붕을 따라 이동한다고 가정하면 각 노정이 전통 지도에서 나타나는 것처럼 그렇게 멀지 않다는 사실을 알 수 있습니다. 이 사실은 우리에게 하나의 계시를 던져줍니다.

는 사실을 알고 있습니다. 많은 전문가도 공감하지 않고 있죠. 그러니 여러분은 잠시 듣기만 해주시기 바랍니다. 이 노선은 인도차이나 반도 서쪽에 이르렀을 때 남쪽으로 방향을 바꿔 지금의 남양南洋 지역으로 들어갑니다.

왜일까요? 인류의 유전자가 당시에 비교적 평탄한 지역 즉 지금의 얕은 바다 대륙붕을 따라 이동했음이 분명하기 때문입니다. 당시에 인류는 원난성과 구이저우성의 고원지대를 넘지 못했습니다. 아마도 넘으려고 시도는 했겠죠. 그러나 생존을 위한 밑천이 너무 많이 들어서 포기했을 겁니다. 그 후 다시 남양 대륙붕 남쪽에서 북쪽으로 이동하여 아시아 북부 지역에 도착했고 그 뒤 다시 남하했습니다. 다시 남하한 원인은 아마도 마지막 빙하기가 시작되었기 때문일 겁니다. 우리는 이 노선을 1분 내에 다 말할 수 있지만 우리 조상들은 1만 년을 단위로 기후의 변화에 따라 오랜 세월을 거쳐 완성했습니다.

우리가 지금까지의 강의에서 다룬 신석기시대에 이르러 점차 빙하가 녹으면서 해수면도 점점 상승했습니다. 그러면서 도작문명도 한 걸음 한 걸음 북쪽으로 후퇴했고 결국 지금의 해안선 안쪽으로까지 물러났습니다. 그것은 바로 '고지'로 이동한 것이지요. 후퇴는 본래의 자원이 사라졌음을 의미하므로 반드시 새로운 자원을 탈취해야 했습니다. 따라서 새로운 자원을 얻으려면 본래 고원 즉 지금의 평원 지대에서 속작문명粟作文明[67]을 일구던 사람들의 영역을 침탈해야 했습니다. 그래서 최후에는 결전이 벌어지죠. 이것이 바로 상고시대 전설 중에서 황제와 치우 대회전 신화의 원형일 겁니다. 치우는 도작문명 부족 연맹의 영수였고 북쪽으로 진격하여 자원을 침탈하려다 실패한 후 속작문명에 의해 요괴화되기도 하고 전쟁의 신으로 존경받기도 하죠. 그 후 치우는 신화가 변화하는 과정에서 남방을 대표하는 염제炎帝에게 자리를 뺏깁니다. 그래서 그 이후로는 염제와 황제의 전쟁이 벌어지죠. 그리고 염제와 황제는 나중에 중원 주류 민족의 조상신이 됩니다.

먀오족이 서쪽으로 이동했다는 신화 전설은 치우 신화의 원형이 계속된 것으로 봐야 합니다. 20세기 이래로 중국 동남 지역에서 발견된 여러 문명도 대체로는 도작문명과 속작문명의 변천으로 볼 수 있습니다. 특히 량주 문화의 유적은 문명의 수준이 꽤 높습니다. 량주 문화 말기 유적에서는 큰 규모의 성도 발굴되었습니다. 면적이 거의 300만 제곱미터에 달하므로 신석기시대의 초대형 도시인 셈입니다. 여기에 교외 지역은 포함하지도 않았습니다. 그런데 이렇게 높은 수준의 문명은 그것이 위치한 해변 지역의 자원 조건과 부합하지 않습니다. 주위의 자원 영역이 지나치게 협소하기 때문입니다. 기실 중국 동남쪽 해안 지역에서 끊임없이 발견되는 문명 유적 특히 환태호문명권環太湖文明圈은 허무두 문화河姆渡文化나 량주 문화 등등을 막론하고 모두 그 고도의 문명 수준이 그 지역 자원의 범위와 부합하지 않는 것으로 느껴집니다. 그러나 만약 자원의 범위를 동중국해 대륙붕으로까지 확대하면 이런 느낌이 사라집니다. 저의 이런 추측은 마지막 빙하기의 지리와 기후 변화에 근거한 것이므로 아무 근거 없는 추측이 아닙니다.

저는 늘 만약 중국 동남쪽 얕은 바다 대륙붕으로 들어가 해양 고고 발굴을 진행하면 틀림없이 량주 문화나 혹은 더 이른 시기의 문명 유적을 더 많이 발견할 수 있다는 상상을 합니다. 이것이 이른바 상전벽해桑田碧海라 할 수 있겠지요.

아마도 『산해경』도 그 방향을 새롭게 확인할 수 있을 겁니다. 『산해경』에서 말하는 동서남북은 지금의 중원을 중심으로 한 것이 아닐 겁니다. 더 남쪽으로 이동해야만 더욱 다양한 해석을 할 수 있겠지요. 『산해경』에 나오는 대황大荒의 '황荒'은 방향方向의 '방方'으로 봐야 합니다. 고대음에는 순치음脣齒音이 없었죠. 따라서 대황大荒은 대방大方이 되어야 합니다. 예컨대 '대황서경大荒西經'은 '대방서경大方西經'으로 봐야겠지요. 대大는 태일太一 즉 중中이 아닐까요?

우리가 앞의 강의에서 살펴본 먀오족의 자수 도안에 근거해 봐도 이와 같은 추측을 떨치기 어렵습니다. 도안의 조형 구조로 관찰해보면 첫째 문화적인 의미가 매우 풍부하고, 둘째 이미 이방二方 연속 혹은 사방四方 연속 무늬의 구조를 훨씬 초월하고 있습니다. 그것들은 절대 단순한 민간예술이 아니고 수준 높은 문명의 결과물입니다. 특히 먀오족 등 소수민족의 현재 생존 환경으로 살펴보면 자원과 생산력의 조건이 모두 문명 수준과 부합하지 않습니다. 단순히 도안의 문명 수준으로만 관찰해봐도 그것은 강대한 다수 민족이 창조한 것입니다. 이것은 량주 문화의 근원과 동일하게 봐야 합니다. 링춘성凌純聲(1902~1981) 선생은 타이완에서 1950년대부터 남아시아 문명을 연구했습니다. 그는 많은 업적을 남겼는데, 제 개인적인 입장으로 볼 때 그 다양한 내용이 중국의 고대 전설 및 중국 해안 지역 소수민족의 문화 현상과 동일합니다. 이것도 제가 대륙붕 문명을 추측하게 된 원인의 하나로 작용했습니다.

제 부친은 쓰촨 분인데 지금은 충칭重慶으로 편입된 장진江津 분입니다. 조상은 청나라 초기 호광행성湖廣行省[68]에서 쓰촨四川으로 이주한 푸젠福建 출신이에요. 도작문명에 속하죠. 그러나 제 모친은 허베이 룽청容城 분인데 선비족鮮卑族입니다. 속작문명에 속하죠. 내친김에 조금 더 말씀드리자면 시베리아西伯利亞는 선비리아鮮卑利亞입니다. Siberia의 Sibe는 바로 선비입니다. 애초에 시베리아를 선비리아로 번역했다면 문자나 역사의 의미가 더욱 정확했을 겁니다. 저로 말하자면 이 두 문명의 잡종입니다. 그러나 저는 면을 더 좋아합니다. 쌀밥은 배불리 먹은 듯해도 자리에서 일어나면 바로 배가 고픕니다. 아마도 제 위장의 단백질 효소가 쌀의 전분을 충분하게 분해할 수 없어서 흡수력이 좋지 못한 것 같습니다. 혹은 그 반대일 수도 있겠네요. 저는 북방에서 태어났지만 서남 지역에서 터득한 것 중의 하나는 도작문명의 쌀 재배가 세밀한 기술을 요구한다는 점입니다. 즉 생산과정에 필요한 기능 및 생산과 노동력 관리, 상이한 시간에 논물의 깊이를 조절하는 학문 등등의 부문에 모두 아주 세밀한 기술을 요합니다. 그런데 속작문명은 이에 비해 너무나 단순합니다. 벼를 재배하는 사람은 어릴 때부터 이러한 관리에 세밀한 느낌을 갖습니다. 저는 동북 지방에서 생산대에 근무할 때 조선족 마을의 조선족들이 아직 얼음이 녹지 않았는데도 얼음을 깨고 벼농사 준비를 하는 것을 보고 깜짝 놀랐습니다. 밀을 재배하는 사람들은 아직도 온돌 위에서 뒹굴고 있을 때입니다. 그들은 왜 밀을 재배하지 않을까요?

일본도 도작문명에 속하는 민족이죠. 미국이 일본을 향해 쌀 수출을 강행하려 하자 심하게 불만을 품었습니다. 왜일까요? 왜냐하면 미국이 수출하려는 쌀이 인디카 종Indica rice이기 때문입니다. 인디카 종은 인도양에서 발원한 벼로 점성이 없습니다. 이 쌀은 밥을 해서 먹을 때 한나절을 씹어도 재채기를 하면 쌀알이 그대로 튀어나올 정도입니다. 아시아태평양지역의 벼는 자포니카 종Japonica rice으로 점성이 있죠. 남방 사람들은 이 쌀을 이용하여 설떡을 해먹습니다. 서남 지역에서도 이와 같습니다.

환동아시아環東亞 대륙붕 지역은 상고시대 신화 전설도 유사합니다. 일본의 『고지키古事記』에 따르면 일본의 선조는 바로 이자나기伊邪那岐 신과 그의 여동생 이자나미伊邪那美 신인데, 두 신이 근친혼을 해서 그 후손이 지금까지 이어지고 있다고 하죠. 이것은 복희伏羲·여와女媧 신화와 매우 유사합니다.

서남 지역 소수민족 문화를 보호하기 위해서 저는 문명 발생의 중요성에 입각하여 인식을 새롭게 해야 한다고 생각합니다. 예술적으로 볼 때도 그것들은 민간 예술로만 간주해서는 안 되고 고도 문명의 유물로 간주해야 합니다. 그것은 활화석입니다. 동아시아 신석기 문명의 활화석이며 중국 문명 시원의 활화석입니다.

쑤빙치蘇秉琦(1909~1997) 선생은 20세기 말 세상을 떠나기 전에 『중국 문명 기원에 대한 새로운 탐색中國文明起源新探』이란 저서를 삼련서점三聯書店에서 출판했습니다. 그는 투시력이 매우 강하여 마침내 중국 문명 기원의 대일통大一統 관념을 전복하고 우리 문명의 연원을 6개 부분으로 정리했습니다. 그중에 환태호문명이 있죠. 이 책을 저는 여러 번 읽었어요. 또 장광즈 선생은 『고대 중국 고고학古代 中國考古學』 1986년 제4판에서 중국 선사시대 문명의 6개 문화 핵심 권을 더욱 일찍 구분했습니다.

제가 여러분에게 진행한 강의는 도상학이라는 간단한 수단만을 이용하여 중국 문명의 조형 기원 과정에 나타난 하나의 현상 즉 천 극과 천상天象 현상을 증명하려는 시도에 불과했습니다. 또 도작문명 이라는 시각으로 이상의 추측을 해본 것입니다. 마지막 빙하기 시대 의 대륙붕은 연결되어 있었으므로 룽산 문화龍山文化와 홍산 문화紅 山文化도 쉽게 영향을 주고받을 수 있었을 것입니다. 우리는 이런 사 실을 알아야 합니다. 여기에서 한 걸음 더 진전된 추측을 해보면 이 들 문화는 아마도 마지막 빙하기 시대에 종교도 일치했을 것입니다. 제가 말씀드리려고 하는 뜻은 바로 이것입니다. 다만 해수면이 상 승한 이후에야 각각 동떨어진 채 서로 다른 발전의 길을 걸었을 뿐 입니다. 또 랴오허遼河 유역은 도작문명권이었고 그 시절에는 그곳에 코끼리와 무소도 있었음을 알아야 합니다. 이밖에 고대 이집트의 천 상 숭배의 대상이 시리우스天狼星였던 것처럼 세계의 각 대규모 고대 문명권의 천상天象 숭배 대상은 서로 상이합니다. 그러나 북극성은 동아시아 적어도 중국의 숭배 대상이었습니다.

조형사造型史는 결코 조형예술사가 아니고 부호의 전승과 변화 과 정 역사에 더 가깝습니다.

중국 조형사에서 이 중국이란 말은 조형의 원초 시기에 바로 중 국이 있었다는 말이 결코 아닙니다. 오히려 원초 시기의 도형과 부 호가 대표하는 핵심 가치를 전승하고 견지한 지역에 후대의 중국이 형성된 것입니다.

저는 미래의 고고학은 인류의 유전자 프로젝트와 긴밀하게 협력하면서 더욱 깊이 있게 발전하리라 생각합니다. 고천문학 전문가의 연구도 똑같은 역할을 수행할 수 있을 것입니다.

여러분 감사합니다.

소장자의 말

허하이옌何海燕

1992년 나는 생물 교사 직업을 버리고 중앙공예미술대학中央工藝美院 즉 지금의 칭화대학 미술대학에서 패션디자인을 공부하게 되었다. 당시에 나는 내면의 목소리에 따라, 패션디자이너가 되고 싶은 나 자신의 몽상을 이루려고 했다. 2년 후 가을날 나는 베이징대학 남문에 옷가게를 내고 내가 만들고 싶던 옷을 만들기 시작했다. 그 것은 당시의 내게 매우 신선한 일이었다. 나는 나 자신의 옷을 디자인하고 만들고 판매하는 동시에 디자이너의 예민한 감각과 직관에 의지하여 중국 민간 특히 소수민족의 의상에 막대한 자원이 감춰져 있음을 발견했다. 그리하여 산둥 서남魯西南 지역의 수공업 직물을 수집하기 시작하면서 나도 모르는 사이에 의상 소장자로서 나의 생애를 시작하게 되었다.

작은 가게가 점차 발전함에 따라 나와 남편은 매년 설날 연휴 기간 우리 스스로를 위해 휴가를 보내기로 했다. 우리는 배낭을 메고

여행을 시작했다. 10여 년 동안 티베트, 칭하이青海, 윈난, 광시, 구이
저우 등지를 돌았다. 더러는 차를 타기도 하도 더러는 도보로 중국
서부 지역으로 들어갔다. 마지막에 구이저우 쳰 동남주黔東南州를 천
천히 돌아보다가 그곳에서 발걸음을 멈췄다. 고산준령 속 맑은 강가
에 여러 갈래의 먀오족이 모여 살고 있었다. 그들은 각각의 생활 풍
속과 방언이 있었고 천태만상의 의상 양식으로 자신의 갈래를 구
분하고 있었다. 큰 산으로 격리되고 험난한 산길로 가로막혀 그곳은
자연스럽게 폐쇄된 민족박물관이 되어 있었다.

　이후 점차 먀오족 마을을 찾아가는 것이 내 생활의 일부가 되었
다. 매번 먀오족의 명절이 되면 타이장현의 오래된 마을 스둥施洞에
사는 먀오족 자매들이 우리에게 전화로 명절이 다가왔음을 알려준
다. 우리는 온갖 방법을 동원하여 베이징에서 그들의 명절에 참가하
러 간다. 그곳 마을의 늙은이와 젊은이들은 모두 인사를 건네 온다.
우리는 그곳 마을 어느 집이라도 마음대로 묵을 수 있다. 먀오족의
명절에는 아직도 오래된 풍속이 보존되어 있다. 매년 가을걷이가 끝
나면 먀오녠苗年[69] 행사를 시작한다. 노래를 부르고 춤을 추며 천지
신명에게 제사를 올린다. 먀오족은 마을 중심의 광장에 모이고, 덕
망이 높은 노인들은 장엄하고 엄숙하게 루성蘆笙이란 악기를 분다.
유장한 루성 소리가 울리는 순간 그곳 아가씨들은 전통의상을 차려
입은 채 손에 손을 잡고 춤을 춘다. 깨끗하게 반짝이는 은제 노리개
소리가 춤을 추는 발동작의 리듬과 루성의 선율에 따라 온 산골짝
에 메아리친다. 흡사 먼 옛날로 돌아간 듯하다.

　밤에는 나이 많은 부녀들과 함께 오랜 민요를 듣는다. 이들 민요

는 자손대대로 전해진 옛 노래다. 그들이 그곳으로 이주한 고난을 노래한다. 세상의 온갖 풍파와 슬픔이 녹아 있다.

　바로 이 여행을 통해 나는 먀오족 동포의 생활 속으로 깊이 들어갈 기회를 얻었고, 또 그들이 손으로 직접 만든 다채로운 먀오족 의상 및 그 제작 과정을 직접 살펴볼 수 있게 되었다. 아름답고도 오래된 그들의 의상은 얼마나 다양한 모습으로 변화하든지 간에 그 속에 모두 천지신명과 조상신에 대한 경건함과 경외심이 깃들어 있었다. 먀오족 자매들은 두 손으로 민족의 기억을 수놓으며 대대로 그것을 전승한다. 어떤 의상은 얼마나 많은 세대를 이어왔는지 모른다. 그 속에는 민족의 혈액이 녹아 있고 영성靈性이 부여되어 있으며 민족의 정신과 신앙이 담겨 있다. 패션디자이너 입장에서 이들 의상은 조금이라도 빠뜨릴 수 없는 정신영양제다. 다행스럽게도 나 자신의 기호에 완전히 부합하는 자수품과 직물과 의상들은 모두 나의 소장품이 되었다. 이것들은 나의 패션디자인에 영감을 주는 보물 상자다. 그러나 나는 처음부터 지금까지 이들 소장품에 거대한 수수께끼가 숨어 있다는 느낌을 강렬하게 받고 있다. 이들 의상의 아름다움은 어디서 왔는가? 이 아름다운 형상 아래에는 또 형상을 초월하는 인류학적 의미가 가득 담겨 있다. 이들 형상은 세상 사람을 향해 자연을 열렬히 사랑하는 오랜 민족의 독특한 우주관을 펼쳐 보이고 있다.

　나는 먀오족 의상의 자수 조각을 처음 수집할 때 특별한 방향성을 갖고 있지 않았다. 대부분은 나 자신의 기호에 맞는 것을 수집했다. 소장품이 점점 많아지면서부터는 먀오족 복장 공예의 제작 기술과 스타일에 일정한 인식을 갖게 되었다. 의상을 소장하는 동시에 그들의 제작 과정도 채집하여 기록했다. 먀오족은 풍부하고 다채로운 의상 스타일과 양식을 갖고 있다. 그 하나하나의 양식은 모두 작은 사회의 표지로서 부족을 대표한다. 지금까지도 어떤 양식은 완전하게 보존되고 있지만 어떤 것은 이미 변모했거나 심지어 사라지기도 했다.

매년 내 작은 가게의 수입 대부분은 베이징으로부터 서남쪽 산악 지역의 농촌 여성들에게 흘러간다. 기쁜 일은 그곳 산간 마을에도 새로운 집이 생기고 새로운 수력발전소가 건설되고 있다는 사실이다. 이 새로운 시설들로 인해 그들은 미래 생활을 더욱 안전하게 보장받을 수 있고 그들과 나의 거리도 더욱 가까워질 것이다. 그곳 여성들은 몇 세대 동안 전승해온 의상을 내게 건네줬다. 그녀들은 나도 그녀들처럼 이 보물을 존중하고 아낀다는 사실을 잘 알고 있다. 게다가 이 소장품들은 그녀들이 보고 싶을 때면 언제든지 볼 수 있다. 류정화劉正花(그녀의 먀오족 이름은 'nõ xi'로 한 마리 새라는 뜻이다)라는 여성은 1993년 19세의 나이로 타이장현 스둥진 마하오향馬號鄉에서 라오툰老屯 마을로 시집갔다. 류정화는 자수의 고수다. 그녀는 2003년부터 자신이 아끼면서 고이 간직해온 의상을 내게 팔기 시작했다. 나중에 그녀는 내게 그 옷들을 보고 싶다고 말했다. 나는 그녀를 우리 집으로 초청했다. 그녀는 정성스럽게 그 옷들을 한 벌 한 벌 넘겨봤다. 나는 그녀의 눈가에서 굴러 떨어지는 눈물방울을 주의 깊게 바라보았다. 그녀는 처음으로 거의 100벌에 달하는 자기 민족의 의상이 한데 모여 있는 것을 보면서 너무나 감격에 겨워했다.

그녀는 그것이 자신의 일생에서 가장 행복한 하루(2008년 8월 10일)였다고 말했다. 나도 그날을 기억하고 있다. 나중에 나는 류정화가 직접 수놓은 스둥 마을 의상을 소장하게 되었다. 도안은 반추상의 작은 새와 나비다. 새가 나비를 좇아가고 나비가 새를 좇아간다. 그녀는 전통적인 도안과 전통적인 기법을 이용하여 이 옷에 자수를 놓는 데만 3년의 시간을 보냈다고 한다. 최근에 그녀는 2011년 쳰 동남주와 구이양시貴陽市에서 열린 자수 기능장대회에서 대상을 받고 또 한꺼번에 세 장의 인증서까지 받은 사실을 기쁨에 들뜬 목소리로 알려줬다. 그녀는 인증서 복사본을 내게 부쳐왔고 아울러 그녀가 직접 수놓은 의상도 함께 내게 보내줬다.

중국의 수많은 민간예술과 마찬가지로 몇몇 전통 수공예 기술도 기록하고 보호하지 않으면 실전될 운명에 처하게 될 것이다. 2007년 설 연휴 기간에 우리는 구이저우성 황핑현 와자촌瓦角村으로 갔다. 그곳 먀오족은 자신들을 '거자侾家'라고 불렀다. 거자 의상은 납염蠟染을 위주로 한다. 그곳에 먀오족 이름이 장쯔長仔인 할머니 한 분이 있는데 소문에 밀랍 그림을 특히 잘 그린다고 했다. 그녀를 만나보니 이미 96세의 고령이었다. 그녀는 자신의 공예를 어머니에게서 배웠다고 했다. 그 할머니는 자신이 고이 간직해온 옷을 내게 보여줬다. 그 옷은 그녀의 어머니가 결혼할 때 입은 것으로 이른바 백조의百鳥衣였다. 과연 작은 새가 가득 그려진 매우 정교한 옷이었다. 모든 새의 모습이 살아 움직이는 듯해서 정말 온갖 새의 낙원이라고 부를 만했다. 넓은 소매에는 가지런하게 한 쌍의 나비가 수 놓여 있었다. 나는 정말 마음에 쏙 들어서 손을 놓을 수가 없었고 마침내 운 좋게도 그 옷을 소장하게 되었다. 그 할머니가 사는 와자촌은 민가가 10여 호밖에 안 되는 작은 마을인데, 그곳으로 통하는 공공 도로도 없다. 마을의 젊은이는 대부분 외지로 돈 벌러 가고 노인과 아이들만 남아 있어서 분위기가 매우 썰렁했다. 할머니는 다른 사람과 이야기하는 걸 매우 좋아했다. 우리는 그곳에 머물며 그녀의 옛날이야기를 들었다. 할머니의 손녀가 통역을 해줬다. 그녀의 이야기는 대략 이렇다. 어렸을 때 그녀의 집은 너무 가난해서 밀랍 그림 연습을 할 옷감 여분이 없었고 이에 대용품을 찾게 되었다. 죽순 껍질은 안쪽이 매끈하므로 손으로 비벼 문지르면 천연의 조그만 옷감이 된다. 밀랍 그림을 그리는 납도蠟刀는 가는 대나무를 깎아서 만들고 마지막에는 나뭇잎을 손으로 쥐어짜서 즙을 내고 그것을 먹물로 쓴다. 여자 아이들은 대체로 11~12세 무렵이 되면 옷감에 밀랍 그림 그리는 일이 허용된다. 그림의 도안은 부족이 규정한 내용을 엄격하게 따라야 한다. 그렇지 않으면 조상님들이 후손을 못 알아본다고 한다. 옷 한 벌은 옷감을 짜고, 밀랍으로 그림을 그리고, 염색을 하고, 꽃을 수놓기까지 보통 3~4년이 걸려서 완성된다. 밀랍 그림을 그릴 때는 오래된 민요古歌를 흥얼거리는데 그 내용에는 온갖 일이 포함되어 있다. 즉 천지 개벽에 관한 것, 그들의 조상이 어떤 고난을 겪으며 그곳 깊은 산속으로 들어갔는지 등등의 내용이 들어 있다. 그들은 자손대대로 밀랍 그림을 그리며 노래를 불렀다. 나는 그 할머니에게 손녀도 이 노래를 부를 줄 아느냐고 물었다. 그녀는 젊은 사람들은 이 노래를 배우지 않는다고 했다. 또 그녀는 밀랍 그림을 그릴 줄 알지만 그녀의 자식들은 그릴 줄 모른다고도 했다. 나는 정말 시간이 허락된

낙서하도

다면 그 마을에 오래 머물며 할머니의 이야기와 밀랍 그림 공예 그리고 옛 민요의 내용을 온전하게 기록하고 싶었다. 그 마을을 떠날 때 할머니는 차마 헤어지지 못하겠다는 듯이 우리를 마을 입구까지 전송해줬다. 그녀는 이후에는 하느님이 나를 데려가실 것이기 때문에 다시는 서로 만나지 못할 것이라고 말했다. 나는 당시에 내년에 반드시 할머니를 보러 오겠다고 결심했다. 우리는 한 걸을 뗄 때마다 세 번씩 돌아보면서 마을 밖을 향해 걸었다. 할머니의 왜소한 모습이 보이지 않을 때까지……. 나중에야 우리가 떠난 지 얼마 되지 않아 할머니가 세상을 떠났다는 소식을 들었다. 그녀는 먀오족의 오랜 서사시抒史詩 한 부를 가지고 떠났다. 다행스럽게도 나는 아직도 그 할머니의 어머니가 그린 백조의를 소장하고 있다. 작은 새들은 여전히 살아 있는 듯 생생하다.

우리는 먀오족 마을로 가서 그들의 전통 의상을 수집할 시간이 충분하지 않기 때문에 상당 부분의 소장품은 현지 먀오족 여성들을 통해 수집하게 된다. 나의 수집 경력 과정에는 장홍위張紅宇(먀오족 이름은 ou인데 물을 뜻한다)란 먀오족 여성이 내게 가장 많은 옷을 팔았다. 그녀는 타이장현 스빙施秉 사람이다. 1996년 나는 그녀의 집안에 대대로 전해온 정교한 자수 옷 한 벌을 수집했다. 장홍위의 친정은 해방[70] 전에 지주여서 그녀의 어머니는 일등품 붉은색 전통의상을 10여 벌이나 갖고 있었다고 한다. 그러다가 해방 무렵에 집안을 수색당해 대부분 가난한 사람들에게 나눠줬고 오직 한 벌만 간직했다고 한다. 그것은 그녀의 외할머니가 그녀의 어머니에게 전해준 스둥 마을의 전통 의상이었다. 가장 정교하고 아름다운 옷을 입고 땅에 묻혀 조상님들을 뵙는 것이 먀오족의 풍습이었다. 그 옷은 그녀의 어머니가 늙어서 세상을 떠날 때 입기 위한 전통의상이었다. 나중에야 알았지만 내가 그녀에게서 수집한 것은 그녀의 어머니가 간직해온 바로 그 옷이었다. 한 번은 장흥위의 어머니가 그 옷을 보고 싶어 한다며 내게 잠시 빌려달라고 했다. 그녀의 어머니는 조상을 만나러 갈 때 그 옷을 입지 못한다는 사실을 아직 모르고 있었다. 나는 매우 괴로웠다. 총명한 장흥위는 그때부터 스둥 마을 전통의상의 가치를 발견하고 먼저 자신의 집안에 있는 옷을 내게 팔았고 나중에는 마을 친척들이 간직해온 옷도 수집하여 팔았다. 10여 년 동안 그녀 손으로 얼마나 많은 옷을 팔았는지 모른다. 그 일은 그 마을에 오래된 전통의상이 거의 한 벌도 없어질 때까지 계속되었다. 하지만 그녀는 이미 수력발전소까지 보유하고 향리의 친척과 친지들을 위해 좋은 일을 하는 동시에 매년 거의 100만 위안에 가까운 수입을 올리고 있다. 그녀는 이 수입으로 새로운 구상을 하고 있다. 즉 그것은 더욱 큰 발전소를 세우고 더 많은 돈을 벌어서 자신이 팔아치운 전통의상을 다시 사서 먀오족박물관을 세우려는 꿈이다.

나의 소장품에는 서남 지역 각 소수민족 및 각 먀오족 계파 사람들이 제작한 자수 옷도 포함되어 있지만 그중 가장 많은 명품은 스둥 마을 먀오족이 제작한 스둥의施洞衣다. 다른 지역 의상과 달리 스둥의는 제작 기교의 수준이 매우 높고 도안의 양식도 더욱 풍부할 뿐 아니라 중복된 작품도 아주 드물다. 거의 모든 옷에 독특한 개성이 담겨 있다. 이것이 스둥의의 매력이다. 스둥의는 해방 전의 것을 오래된 것으로 치고, 해방 후의 것을 새 것으로 친다. 오래된 스둥의는 부유한 계층의 가정에 집중되어 있어서 통상 한 집에 10여 벌씩이나 보관하고 있었다. 그러나 가난한 집에는 그런 옷이 10여 호에 한 벌도 없었다. 부유한 집에서는 가장 뛰어난 자수공을 초청하여 전통의상을 만든다. 한 벌의 옷을 만드는 과정은 베를 짜고, 염색을 하고, 자수를 하고, 재봉하기까지 거의 4년 이상의 시간이 걸린다. 옷의 앞쪽 천과 뒤쪽 천은 서로 다른 직물을 쓴다. 앞쪽은 평직平織(平布)을 쓰고 뒤쪽에는 나선형 도안이 들어간 천을 쓴다. 염색 기술도 매우 복잡하다. 가을에 쪽풀을 모아 발효시켜 염료로 제작하는 데만 몇 개월이 걸린다. 옷감을 반복해서 염색하고染, 말리고麗, 삶고煮, 찌고蒸, 두드려야捶打 한다. 찌고 삶는 과정을 통해 쪽 염색을 잘한 푸른 옷감을 다시 소가죽으로 끓여낸 걸쭉한 액체에 넣어 풀을 먹이게 된다. 마지막에는 본래 흰색이었던 옷감이 금속처럼 반짝이는 검은 자주색으로 변한다. 의상 장식의 중점은 양쪽의 넓은 소매다. 빨간 실로 수놓은 것은 일등 의상이고 푸른 실로 수놓은 것은 이등 의상이다. 자수 기법은 파선수破線繡를 위주로 하는데 이는 한 가닥 굵은 실을 8~16 가닥의 가는 실로 나눠서 자수 면을 장식하는 방법이다. 도안은 먼저 잘라놓은 종이 견본을 바탕으로 삼고, 종이 견본 위로 가는 실을 고르게 수놓는다. 가는 실은 조각자나무를 삶은 액체에 넣었다가 건지는데 이렇게 하면 가는 실에 광택이 나고 탄성이 생긴다. 종이 견본을 평평하게 수놓아 덮고 나서, 보통 그렇게 완성한 도안 가장자리를 테두리 마감 자수법으로 강조한다. 이런 과정을 거치면 소매 위에 수놓인 동물과 인물이 모두 살아 있는 듯 생동감이 넘치게 된다. 일반적으로 소매는 삼단으로 구분되는데 상하 양단은 파선수 기법을 쓰고 중간은 수사수數紗繡 기법을 쓴다. 도안은 작고도 정밀하며 형상은 새와 나비가 흔하다. 양쪽 소매를 수놓는 데만 3년 내외의 시간이 소요된다. 어깨 부분도 한 쌍의 작은 자수 조각으로 장식한다. 칼라와 앞쪽 옷깃은 또 다른 자수 기법인 첩수疊繡 기술을 이용하여 두 개의 장방형 자수 조각으로 장식하고 앞뒤로 호응하게 한다. 첩수는 아주 얇은 비단을 조각자나무 액체에 넣어 풀을 먹인 후 작은 삼각형이나 장방형으로 잘라 중첩시키고 그 도안에 수를 놓는 방법이다. 전통적인 만卍자 도형도 포함되어 있다.

해방 후의 스둥의도 여전히 한 가정에서 공예방처럼 제작하는 방식을 유지해왔다. 예를 들면 어머니와 딸들이 일을 나눠서 옷감 짜기, 수놓기, 칼라 만들기, 재봉 등의 일을 분담한다. 그러나 전체적으로 말하자면 현재 옷깃에 수를 놓는 기법은 해방 전에 비해 훨씬 간략화되어 더 이상 굵은 실을 여러 가닥으로 가늘게 푸는 파선수 기법을 쓰지 않는다. 자수의 크기도 많이 작아졌고 내용도 마음대로 아무 것이나 덧붙이곤 한다. 근래에는 스둥의 먀오족 마을에 전통 기법을 회복하려는 추세가 늘고 있다. 모두들 전통적인 도안을 찾고 솜씨 좋은 자수 공예가를 초청하여 옛 문양을 다시 제작하고 있다. 이렇게 만든 자수 의상 한 벌 가격은 수만 위안에 달한다. 그러나 옛날 스둥의에 사용한 식물 염색실을 쓰지 않고, 화학 염료로 염색한 실을 쓴다. 그리하여 결국 옛 의상에서 느껴지던 그런 신묘한 운치는 이미 사라져버리고 말았다. 이 때문에 해방 전에 제작한 스둥의의 가격은 1990년대 초에 수백 위안 정도 하던 것이 지금은 수만 위안 또는 심지어 10여만 위안으로 껑충 뛰었다. 먀오족 자매들은 옛 전통의상 한 벌을 팔면 결국 한 벌이 줄어든다고 말한다. 따라서 그녀들은 자기 민족의상의 가치와 의의에 대해서 이전과는 다른 인식을 하고 있다.

　기실 전통의상을 수집하는 과정에서 나는 한동안 갈피를 잡지 못했다. 나는 혼자 힘으로 민족문화의 드넓은 유산을 수집하는 고독한 소장가다. 나는 거의 모든 수입을 이런 전통의상과 맞바꿔왔다. 내가 이 일을 하는 의의는 어디에 있을까? 같은 시기에 나처럼 전통의상을 수집하는 사람으로 나의 동포는 드물었고, 프랑스, 일본, 미국, 영국에서 온 몇몇 수집가가 있었다. 그들은 놀라운 프로의식으로 먀오족 마을로 깊이 들어가 이러한 문화유산을 끊임없이 외국으로 실어 날랐다. 나는 참으로 나 자신의 힘이 미약하고 외롭다는 사실을 깨달았다. 또 몇몇 동포 수집가는 자신이 수집한 전통의상을 해체하고 자수 조각만 잘라내어 새로운 의복에 재단해 넣은 뒤 고가로 팔기도 한다. 정말 가슴 아픈 일이다. 어떤 경우든 나는 이처럼 옛 의상을 훼손하여 이익만 도모하는 행위를 받아들일 수 없다. 시대의 발전에 따라 먀오족 젊은이들은 이미 이처럼 시간과 역량을 소모하는 공예에 집착하고 싶어 하지 않는다. 한창 발전 중인 여행업도 전통문화의 가장 신비하고 가장 심층적인 운치를 담박하게 만드는 동시에 먀오족의 전통의상을 조악하고 흔해빠진 여행 상품으로 전락시키고 있다. 이제 전통 자수는 기계 자수로 대체되고 있다. 이 찬란한 꽃이 시들어 떨어지며 사라지고 있다……

　10여 년 동안 내가 수집한 수천 벌의 의상과 직물은 거의 모두 세월의 모진 세례를 겪었고, 또 거기에는 아주 오래된 민족의 옛날이야기가 기록되어 있으며, 먀오족 동포의 짙은 정감이 스며들어 있다. 나는 이미 그 속에 깊이 빠져 있다. 패션디자인 종사자로서 나는 아주 다행스럽게도 이처럼 오래된 문화와 접촉할 수 있었고 아울러 거기에서 내 사업의 뿌리를 찾을 수 있었다. 여러 해 동안 나는 줄곧 이 소장품들을 부문별로 잘 분류하고 정리하고 도록을 출판하여 많은 사람과 이들 수확을 함께 향유하기 위해 준비하고 있다.

2013년 7월

베이징 주시위안竹溪園에서

재판 후기

이 책을 출간한 후 두 가지 반응에 직면했다. 첫째는 글은 적은데 정보가 많아서 이해하기가 쉽지 않다. 둘째는 주류 학자들의 주장과 합치되지 않는 점이 많다. 그랬다.

　위의 첫째 반응은 일반 독자들이 이미지도 문자와 마찬가지로 자체적인 서술 논리와 의의 등이 있고 심지어 그것이 문자를 초월한다는 사실에 습관이 되지 않아서 일어난 현상이다. 예컨대 독자들은 때때로 이미지를 해설하지 않으면 그 의미가 어디에 있는지 전혀 알 수 없고, 해설을 해야 의미를 알 수 있다고 생각한다. 그리고 다시 이미지를 보고는 자신이 그 일부만 이해하고 있음을 발견한다. 둘째 반응에 대해서는 더 많은 말을 할 필요가 없다. 세상사가 늘 그렇기 때문이다. 하물며 문명과 문화에 대한 주류 학자들의 서술에는 항상 자기 것은 신격화하고 다른 것은 악마화하는 경향이 발견된다. 예를 들면 황허문명 중심론은 장기적으로 주류 학계의 서술 논리였지만 쑤빙치 선생과 장광즈 선생은 이 주류 논리를 전복하고 두꺼운 먼지를 털어낸 뒤 옛 역사의 맨 살결을 보여줬다. 나는 이 두 분의 연구가 지난 세기 중국에서 제기되었던 각종 담론 문맥의 작동을 가장 건설적이고 근본적으로 정리했다고 생각한다.

나는 개인적으로 저들의 담론 문맥에 가장 큰 흥미를 느꼈고, 그것을 중국의 근본 자원으로 간주해왔다. 그러므로 그것을 제대로 정리하지 않고 심지어 그것과 단절한다면 결과적으로는 추이젠崔健(1961~)이 노래한 것처럼 '아무 것도 가진 게 없게—無所有'될 것이다. 비장하면서도 우스꽝스러운 상황이 아니겠는가? 소위 현당대現當代[71]는 틀림없이 기존 담론의 문맥이 끊어지지 않은 현당대일 것이다. 문맥이 끊어지지 않은 현당대 중국이 존재해야 비로소 문맥이 끊어지지 않은 보편 세상으로서의 현당대와 대화를 나눌 수 있고 융합할 수 있을 것이다.

또 이 책이 출간되기 이전과 이후, 특히 이후에 사람들은 끊임없이 어디에서 펑스 선생의 『중국 천문고고학』을 살 수 있는지 문의해왔다. 기실 나는 이 책을 완성할 무렵 『중국 천문고고학』의 관련 장절章節 및 리쉐친 선생의 논문 「량주문화 옥기와 도철무늬의 변화良渚文化與饕餮紋的演變」를 책 뒤에 부록으로 실어 독자들이 수시로 참고할 수 있게 하려고 했다. 이 책을 쓰기에 앞서 강의할 때 나는 이 글들을 모두 참고자료로 제공했다. 그러나 이들 자료를 펴낸 출판사의 편집장과 오랫동안 연락이 닿지 않아(통신이 발달한 오늘날 다소 불가사의한 일이다) 판권자의 허락을 얻지 못했다. 리쉐친 선생의 관련 문장만 판권을 얻었으나 마지막에 결국 책의 편집 책임자가 모든 부록을 삭제하자고 건의했다. 나도 그렇게밖에 할 수 없다고 생각했다.

　나는 개인적으로 펑스 선생의 『중국 천문고고학』이 1990년대 이래로 고대사의 관건적인 지점을 돌파한 주요 저작의 하나라고 생각한다. 예를 들면 팔각 별무늬에 대한 이전의 공통된 인식은 직기織機 날줄을 세우는 횡축의 측면이라는 것이었다. 선충원沈從文 (1902~1988) 선생도 이러한 의미를 설파한 적이 있다. 1990년 『중국문화』 제2기에서 왕쉬 선생은 「팔각 별무늬와 선사시대 직기」라는 논문을 통해 이에 대한 상세한 고증을 했다. 매우 정밀한 글이다. 내가 펑스 선생의 고증을 취한 것은 개인적으로 단지 그것이 더욱 근원적이라고 생각하기 때문이다. 그러나 왕쉬 선생의 결론도 부정하거나 폐기할 수 없다. 개인적으로 그것은 현실적인 '쓰임用'을 말한 것이며, 문명의 연속 과정에서 '현실적인 쓰임으로 인해 근원에 도달한' 현상이라고 생각한다. 게다가 링자탄의 고고학 발굴에서 옥귀玉龜와 옥판이 동시에 출토된 기물 안에 팔각 별무늬가 새겨진 도기陶器 방륜紡輪(그림11, 98M19:16)이 들어 있지 않았던가? 그리고 2006년 문물출판사에서 출간한 『링자탄문화 연구凌家灘文化硏究』라는 고고학 논문집에서 팡샹밍方向明 선생은 「링자탄 유지 출토 옥기 모양과 무늬의 상관 문제 토론凌家灘遺址出土玉器形和紋飾的相關問題討論」이란 글을 통해 각 문화 시기의 팔각 별무늬 구조를 귀납적으로 연구했다. 매우 근엄한 논문이다.

　나의 필드워크 경험을 통해 천극에 대해 말씀드리자면 안후이성 링자탄에서 출토된 관모 장식 즉 정자의 뾰족한 지붕과 유사한 관모 장식이 직접적으로 서남 지역 소수민족 도안에서 항상 발견되는 천극 부호 형상과 동일하다고 생각한다. 이 관모 장식은 신神 대신 제사를 받는 '시尸'에서 유래했고, 그것은 바로 천극과 천극신으로 분장한 무당巫이 머리에 쓰던 관모 장식이었다. 나는 이 책에서 또 청동제 여성 관상가 형상(그림107) 사진을 인용했다. 그녀의 머리에도 똑같은 관모 장식이 있고 양 손에는 각각 팔각 굴레를 들고 있다. 팔각 굴레는 현재 북방의 샤먼이 여전히 사용하고 있는 팔각 양가죽 북으로 봐야 한다. 샤먼들은 그것을 쳐서 신과 조상의 영혼을 소환한다. 전통 연극의 기원이 제사와 무巫에 있음을 여기에서도 관찰할 수 있다. 남방의 나희儺戲도 그 원형이 여기에 있을 것이다.

나에게 가장 중요한 계시를 내려준 것은 바로 먀오족 자수 도안이었다. 그것들은 량주문화 옥종玉琮에 새겨진 신의 모습과 거의 하나하나 부합한다. 가장 위의 것은 천극이고 중간에 팔을 굽히고 있는 것은 천극신이며 그 아래의 것은 거북이다.

7월 중 나는 구이양에서 인류학자 왕샤오메이王小梅 여사가 소집한 좌담회에 참가하여 구이저우먀오학회貴州苗學會 전 회장 양페이더楊培德 선생을 만나 매우 관건적인 가르침을 받았다. 그의 가르침에 의하면 먀오족은 먀오족 자수에 자주 나타나는 그 작은 정자를 nios로 발음하고 그것을 중국어로 번역하면 사당廟과 성당의 의미에 가깝다고 한다. 사당은 신이 거처하는 장소다. 나는 이 거처의 형상을 이족彝族의 그림에서도 본 적이 있다. 이 때문에 왕샤오메이 여사와 양페이더 선생에게 감사드린다.

8월에 또 구이양으로 가서 한 차례 강연을 했다. 사회자가 펑스 선생이 팔각 별무늬에 대해 내린 결론을 가지고 내게 질문을 했다.

나는 펑스 선생의 조형 맥락을 취했을 뿐이고 직접은 모르기 때문에 그분에게 연락해보라고 했다.

　이 기회를 빌려 가오위안선高源伸 선생이 고고학 자료와 일본어 부문에서 내게 베풀어주신 도움에 감사드린다.

아청

2014년 10월

편집 후기

아청 선생은 『낙서하도: 문명의 조형 탐구』에서 조형학造型學과 문양학紋樣學의 시각으로 상고 문명의 기원 및 발전을 정리했고, 또 「낙서」「하도」와 천극 조형의 변화 맥락을 직관적으로 재현했다.

그림으로 역사를 증명한 이 연구 방법은 중국 내에서는 아직도 그렇게 많이 시도되지 않아서 책이 출판되자 독자들이 광범위하게 관심을 보였다.

이 책은 2014년 6월에 출판된 이래 세 차례 중쇄를 찍었다. 매번 중쇄를 찍을 때마다 내용 및 사진의 증감이 있었다. 이번에 내는 수정본은 앞서 있었던 몇 차례의 수정을 총괄한 것이다. 앞으로도 독자 여러분께 더욱 완전한 판본을 제공해드릴 것을 기약한다.

주링

2015년 5월

옮긴이의 말

1

번역 도중 독자의 입장에서 뒷부분이 궁금해지는 경우는 흔치 않다. 대체로 눈앞의 뒤틀린 문장 구조나 낯선 어휘와 씨름하느라 책 전체의 내용에 관심을 기울이기가 쉽지 않기 때문이다. 그러나 이 책은 번역 진도가 1/3 정도 진행될 무렵부터 뒷부분이 너무나 궁금해지기 시작했다. 그리하여 번역은 내버려둔 채 순수한 독자의 입장에서 거의 이틀 만에 원서를 독파했다. 이는 물론 원서가 중국어 10만 자 정도로 그리 두껍지 않은 탓도 있지만 기실 이 책이 주는 신선한 자극과 충격이 그만큼 강했기 때문이다.

번역 과정 내내 몇 년 전 작고한 소설가 최인호의 『왕도의 비밀』이 뇌리를 떠나지 않았다. 최인호는 우리 고대사의 각종 유물에 나타나는 우물 정# 자 문양의 비밀을 찾아 국내 전역과 중국 및 일본을 탐사했고, 그것이 광개토대왕을 상징하는 부호라고 결론지었다.

이 책의 저자 아청阿城도 중국 신시기 심근문학尋根文學을 대표하는 유명한 소설가다. 그는 「낙서」와 「하도」 문양의 근원을 탐색하여 기실 그것이 무슨 오묘한 그림이 아니라 북극성 중심의 방위를 나타내는 도안에 불과하다고 주장한다. 즉 우리가 알고 있는 「하도」와 「낙서」는 본래 「사방오위도四方五位圖」와 「팔방구궁도八方九宮圖」인데, 이 두 가지는 모두 방위를 나타내는 한 가지 성격의 도안일 뿐이고, 애초의 「하도」는 「천지자연하도天地自然河圖」로 명명된 도안으로 현재의 「음양태극도陰陽太極圖」와 유사하다는 것이다. 「음양도」란 흰 물고기 문양과 검은 물고기 문양이 태극처럼 마주보며 도는 바로 그 그림이다(☯). 그런데 중요한 점은 「낙서」의 「구궁도」가 신석기시대 이래로 팔각 별무늬八角星紋로 형상화되었고, 그것이 더욱 간략화되면서 '米'자 문양의 부호로 상징화되어 「하도」의 나선형 돌기 중심에 자리 잡게 되었다는 사실이다. 아울러 '米'자 문양 즉 「낙서」 부호는 「하도」의 중심에서 흔히 마름모꼴(◇)로 대체되는데, 그것은 하늘의 중심인 북극성天極의 상징이므로 「낙서」의 방위는 북극성을 중심으로 사방과 팔방으로 퍼져나가는 천극 신앙의 구현체가 된다는 주장이다.

따라서 아청이 기존의 명명법인 「하도낙서」를 뒤집어 「낙서하도」라고 부르는 이유가 바로 여기에 있다. 왜냐하면 팔방의 방위를 표시하는 「낙서」 부호는 이미 신석기시대에 정형화되었고, 이후 그것은 또 「하도」의 중심으로 들어가 천극天極: 北極星을 상징하는 핵심 도안으로 기능하고 있기 때문이다. 이에 비해 「하도」 부호는 「낙서」보다 늦은 청동기시대에 극성하여 상나라와 주나라의 각종 정鼎에 집중적으로 나타난다.

계속해서 아청은 「낙서」와 「하도」가 북극성 중심의 천극신天極神 신앙의 상징이라고 주장하면서 대담한 상상력을 펼친다. 아청에 의하면 천극신 부호는 상·주 청동기에 매우 다양하게 나타나는데, 여태까지 우리가 도철饕餮로 알고 있는 도상도 사실은 천극신과 동청룡의 모습을 형상화한 것이라고 한다. 또한 천극과 청룡, 천극과 거북, 천극과 주작, 천극과 나비도 등의 도안도 모두 아청에 의해 천극신 신앙체계로 재해석되고 있다. 더욱 흥미로운 것은 상나라 말기 혹은 서주 초기에 제작된 것으로 알려진 호식인유虎食人卣에 대해서도 아청은 지금까지 호랑이가 노예를 잡아먹는 모습으로 설명해온 기존 학계와는 달리 백호가 천극신을 보호하는 형상으로 재해석한다. 말하자면 백호는 서쪽을 상징하는 신수神獸이므로, 동쪽 상나라를 멸망시킨 서쪽 주나라가 천극신을 품고 천하를 호령하는 모습이라는 것이다. 이러한 해석은 전부 기존 주류 학계의 논리와 다른 점이다.

2

아청은 여기에서 더 나아가 북극성 중심의 천극신 신앙 체계를 바탕으로 중국 선진철학의 논리와 특징까지 규명해내려 하고 있다. 아청의 설명은 이렇다. 상나라는 천극신 신앙을 신봉한 모권母權 사회다. 그러나 주나라에 이르면 상나라의 천극신 신앙은 계승했지만

부권父權이 모든 권력의 중심에 놓인 사회가 된다. 역易도 상나라는
곤坤을 중시하는 『귀장』을 썼지만 주나라는 건乾을 중시하는 『주역』
을 썼다. 모권 사회는 음陰, 유柔, 약弱, 허虛, 자雌, 하下 등의 가치를
숭상하고, 부권 사회는 이와 반대로 양陽, 강剛, 강強, 실實, 웅雄, 상上
등의 가치를 숭상한다. 이로 인해 주나라에서는 부권 중심의 전쟁과
폭력과 패권이 만연하면서 천극신 신앙도 무너져 내린다. 주나라가
천극신 신앙을 잃고 통치 권위를 상실하자 예악이 붕괴되면서 짐승
집단보다 더 극악한 사회가 도래한다. 춘추전국시대 제자백가의 등
장은 주나라가 천극신 신앙 체계를 잃어버리는 시기와 맞물린다. 그
중 공자와 노자가 선진철학의 각성을 대표한다. 공자는 현실에서 인
仁과 예禮를 수단으로 사회 질서의 회복을 추구하면서 궁극적으로
인간의 자유의지가 실현된 태평성대를 소망한다. 이에 비해 노자는
좀 더 복고적인 회귀적 각성을 추구한다. 즉 부권 중심의 주나라 질
서를 벗어나 모권 중심의 상나라 질서로 회귀하려 한다. 그것은 바
로 천극신 신앙에 바탕한 현빈玄牝의 세계다. 순자를 거쳐 이사와 한
비에 이르는 법가는 공자의 예를 이어받긴 했지만 공자가 추구했던
자유의지를 이해하지 못한 나머지 공자 사상을 소외시키고 이질화
하여 전쟁과 패권을 추구한다.

아청은 위의 논리를 풀어가는 과정에서 다음과 같이 실로 놀라
운 주장을 펼친다. 공자는 성악론자다. 극기복례란 인간의 동물성
연원에서 출발한 논리다. 문文이란 자원 점유와 자원 분배 행위에
대한 제한이다. 무武란 인간의 선천적인 동물성이다. 하늘은 양陽이
아니라 음陰이며, 오히려 땅이 양이다. 장자는 심미審美가 아니라 심

추審醜의 의미를 최초로 발견한 사람이다. 이 주장들 중에는 이미 개론적인 문제 제기가 된 주제도 있지만 모두 우리의 지적 호기심과 영감을 자극하는 명제가 아닐 수 없다.

3

이 책의 마무리에 해당하는 「동아시아 문명에 대한 추측」에서 아청은 더욱 대담한 상상력을 발휘한다. 동아시아의 벼농사 문명稻作文明은 남중국해, 동중국해, 황해, 발해 등 지금의 바다 밑 대륙붕에서 기원했고, 그것이 중국, 한국, 일본으로 상륙하여 동아시아 특유의 문명을 이뤘다는 것이다. 아청은 이 도작문명의 공통 종교가 바로 북극성을 숭배하는 천극성 신앙이라고 한다. 그런데 어떻게 바다 밑에서 벼농사가 기원할 수 있단 말인가? 마지막 빙하기까지 지금의 동아시아 대륙붕이 모두 육지였다는 사실에 근거를 두고 있다. 이건 콜럼버스의 달걀 같은 논리일 뿐이지만 지금의 바다에 막힌 상상력을 넓혀놓고 보면 참으로 많은 것이 다시 보이게 된다. 특히 아청은 근래에 중국 동남 해안 지역에서 발굴되는 선사문명 유적은 주위의 자원 조건이나 경제 여건으로 볼 때 그곳에서 발생하기 어려우므로 그 문명의 영역을 대륙붕까지 확장해야 한다고 제안한다. 물론 이에 대한 타당성 여부는 논란거리가 될 수밖에 없다. 그러나 그의 대담한 상상력은 타성에 젖은 우리의 사고를 자극하기에 충분하다.

더욱 흥미로운 점은 이처럼 석기시대로부터 비롯된 천극신 신앙의 도안이 사라지지 않고 지금도 생생하게 살아 있다는 사실이다.

아청은 중국 서남쪽 소수민족 먀오족과 이족 등의 전통의상에서 「낙서」와 「하도」 부호를 찾아냈을 뿐 아니라 천극신 신앙과 관련된 다양한 도상圖象까지 찾아냈다. 그리고 그것을 중국 선사시대 유적에서 출토된 유물 및 상·주 청동기 문양과 비교하여 일치점과 유사점을 확인한다. 이 책의 올 컬러 사진은 모두 이런 천극신 신앙과 관련된 도상들로 채워져 있다. 문자 텍스트보다 훨씬 많은 양이라 어쩌면 무슨 전시회의 도록처럼 보이기도 한다. 그러나 이 책의 이미지는 단순한 볼거리가 아니라 아청의 대담한 상상력을 뒷받침하는 훌륭한 증거 역할을 한다. 이는 아청의 분방한 상상력과 함께 이 책의 가장 큰 특징 중 하나이기도 하다.

4

이 책을 번역하는 과정 내내 최인호의 소설 『왕도의 비밀』이 뇌리에서 떠나지 않았다고 앞에서 고백한 바 있다. 이는 단순히 최인호와 아청이 소설가에서 출발하여 고대 도상을 연구했기 때문에 생긴 관심사만은 아니다. 그것은 오히려 최인호가 탐색한 우물 정井 자 문양이 아청이 제시한 「낙서」 문양 즉 구궁도囲와 유사하기 때문에 생긴 관심이었다. 최인호는 결론적으로 井 자 문양을 하백河伯의 물과 백두산 천지의 물로 연결시켰다. 하백의 물은 그의 외손자인 고구려 시조 동명성왕과 연관이 되고 천지의 물은 우리 민족의 성산이라는 이미지와 만주 벌판을 호령한 광개토대왕의 이미지와 연관이 된다. 그러나 이는 객관적이고 학술적인 시각으로 볼 때 좀 황당한 결론이 아닐 수 없다. 하지만 井 자 문양이 팔방의 방위를 나타내는 구궁 도에서 발전한 것이라면 보편성과 객관성 차원에서 훨씬 강력한 설득력을 확보할 수 있게 된다. 물론 신석기시대의 문양이 어떻게 광개토대왕 시대까지 지속될 수 있느냐는 의문을 품을 수도 있음직하다. 그러나 아청은 그 신석기시대 문양을 지금의 먀오족 전통의상 도안에서 찾아내지 않았던가? 이것은 이 책을 읽으면서 떠오른 하나의 상상에 불과하지만 앞으로 전문가의 더욱 진전된 탐색을 기대한다.

　기왕 아청의 상상력에 자극을 받은 터에 이 책을 읽으면서 떠오른 또 하나의 상상을 기록해두고자 한다. 그것은 바로 우리나라의 태극 문양에 관한 것이다. 우리나라의 태극기가 만들어진 것은 근대이지만 태극 문양의 시원은 매우 오래된 것으로 알려져 있다. 물론 태극 문양의 시원을 중국의 음양태극도陰陽太極圖에서 찾는 경우도 있다. 그러나 중국의 태극도는 오대五代 송초宋初의 진단陳摶(871~989)이 주돈이周敦頤(1017~1073)에게 전수했고, 주돈이가 그것을 『태극도설太極圖說』에서 체계화한 것이다. 또 이 책에서 주장하듯 원말元末 명초明初에 조휘겸趙撝謙(1351~1395)이 음양도의 원형인 「천지자연하도」를 전했다면 중국의 태극도는 우리가 생각하는 것보다 훨씬 늦게 정형화되었다고 할 수 있다. 이에 비해 우리나라의 경우는 경주 감은사지 장대석의 태극 문양이 682년, 나주 복암리 출토 태극 문양 목제품이 백제 사비 시기에 그려진 것으로 알려져 있다. 사비 시기라면 538년에서 660년까지다. 중국의 경우보다 훨씬 이른 시기부터 태극 문양이 사용되었음을 알 수 있다. 그런데 아청이 사진 자료로 보여주고 있는 상나라 청동기의 청룡 형상에 음양도로 정형화하기 이전의 원시적 태극 문양이 드러난다. 그것은 북극성을 중심으로 별자리가 회전하는 의미를 담고 있다. 즉 천극신 신앙의 반영이다. 이것은 무엇을 말하는가? 상나라 시대 청동기에 구현된 「하도」의 나선형 문양, 지금의 중국 먀오족 전통의상에 그려진 나선형 문양, 그리고 우리나라 태극기에 그려진 태극 문양이 동일한 시원을 갖고 있다는 가정을 가능하게 한다. 이는 어느 것 중심의 영향 관계가 아니라 동일한 근원에서 함께 분파된 열매로 볼 수 있다. 다시 말해 한국, 중국, 중국 소수민족, 일본, 동남아 등이 모두 천극신 신앙과 도작문명이라는 동아시아 보편의 뿌리에서 공평하게 갈려나간 독자적인 문화 담지체라는 말에 다름 아니다. 이는 현재 동아시아론의 보편적 바탕을 한자문화권으로 설정하는 입장과는 차원이 다른 문제 제기다. 천극신 신앙과 도작문명이라는 거대한 뿌리 앞에서는 한자도 아주 작은 열매에 불과하기 때문이다. 따라서 이 책은 동아시아론의 인식 확장에도 작은 도움을 줄 수 있지 않을까 한다.

5

문화대혁명이라는 극악무도한 폭력을 겪은 아청은 개인의 자유의지와 현빈의 세계를 지향한다. 그의 입장에서 지금의 동아시아 대륙붕은 현빈이 살아 숨 쉬는 거대한 천극신의 골짜기인 셈이다.『노자』의 '곡신불사谷神不死'라는 말이 이보다 더 잘 어울리는 경우는 찾아보기 힘들 듯하다. 이런 그가 폭력과 패권과 중화 중심의 논리를 비판하는 건 어쩌면 당연한 일이다. 그가 제시한 도작문명권도 동아시아 각국의 평등한 자유의지 실현을 궁극적 목표로 삼고 있는 것으로 보인다. 과연 아청의 뿌리 찾기尋根 작업의 끝은 어디일까?

이 책을 읽고 번역하는 과정에서 오랜만에 받은 지적 자극으로 가벼운 흥분 상태에 처해 있었다. 좀 더 냉정하게 판단해보면 아청의 주장에는 몇몇 논리적 비약이 포함되어 있다. 그가 채택하고 있는 도상학적 방법도 겉으로 드러난 형상의 유사성에 근거하여 독단적인 결론을 도출할 위험성이 있다. 하지만 이 책 본문에서 드러나듯 그의 상상력은 전혀 터무니없는 것이 아니다. 나름의 근거와 논리에 입각하여 설득력 있는 결론에 도달한다. 따라서 이 책을 통해 타성에 젖은 우리의 사고와 상상력의 벽을 두드려보는 것도 전혀 의미가 없지는 않을 것이다. 그것이 혹시 앞으로의 지적 비약에 작은 계기로까지 작용할 수 있다면 벽돌을 던져 옥을 얻는抛磚引玉 망외의 효과를 거둘 수 있을 것이다.

이 책을 번역하면서 계속 머리에 떠오른 또 하나의 인물은 바로 이 책의 기획자 노승현 선생이다. 노승현 선생과는 그동안 많은 작업을 함께 했다. 그가 기획한 책을 번역할 때마다 항상 그의 밝은 눈에 놀라곤 한다. 이번은 더더욱 그의 혜안에 탄성을 그칠 수 없었다. 예민한 직감과 담대한 추진력으로 짧은 순간에 이런 책을 건져올리는 걸 보면 그의 공력이 예사롭지 않음을 느낄 수 있다. 늘 감사의 마음을 갖고 있다. 출산의 고통을 묵묵히 감내해온 글항아리 식구에게도 다시 한 번 마음 깊은 고마움을 전한다.

청청재青青齋에서

김영문

옮긴이의 말

1   귀사鬼師 : 중국 광시廣西 먀오족苗族 집단에서 무속을 관장하고 병을 치료하는 일
    종의 무당이다.—옮긴이

2   장광즈 선생은 2001년 세상을 떠나셨다. 옌자푸 선생은 2013년 5월 16일 세상을
    떠나셨다. 나는 5월 20일 이른 아침 순이順義에서 바바오산八寶山으로 가다가 베이
    징 베이우환北五環 도로 위에서 길이 막혀 바바오산에 도착했을 때는 이미 옌 선생
    의 마지막 얼굴을 뵐 시간이 지나고 말았다. 너무도 아쉽고 안타까웠다.

3   진보陳寶는 옥기玉器의 일종이고 진秦 문공文公이 얻은 것이라고 한다. 적도赤刀는
    붉은 옥돌로 만든 칼이다. 대훈大訓은 선왕들의 교훈을 새긴 옥돌이다. 홍벽弘璧은
    크고 둥글게 조각한 옥벽玉璧이다. 완琬은 위쪽이 둥근 옥홀玉笏이고, 염琰은 위쪽
    이 뾰족한 옥홀이다. 대옥大玉은 크고 둥근 옥으로 화산華山에서 난다고 한다. 이
    옥夷玉은 동이東夷에서 생산된 좋은 옥이다. 천구天球는 옹주雍州에서 생산된 하늘
    색 옥이다.—옮긴이

4   승황乘黃 : 『산해경山海經』 「해외서경海外西經」에 나오는 신마神馬다.—옮긴이

5   『주역본의周易本義』 : 중국 송나라 때 성리학의 집대성가 주희朱熹가 쓴 『주역』 해설
    서다. 주희에 앞서 정이程頤가 왕필王弼의 견해에 따라 의리로서 『주역』을 해설한 것
    과 달리, 주희는 『주역』을 점술서로 보고 상수象數를 중심으로 그 본래의 면목을 회
    복하고자 했다. 주희의 그런 주역관이 가장 잘 드러난 책이 바로 『주역본의』다.—옮

긴이

6 채계통蔡季通 : 본명은 원정元定으로 건령부建寧府 福建省 건양建陽 사람이다. 흔히 서산선생西山先生으로 불린다. 주회의 제자로 율려律呂와 감여堪輿에 뛰어났다. 학문에 뛰어나 주문영수朱門領袖, 민학간성閩學干城으로 일컬어졌다. 저서로『율려신서律呂新书』『서산공집西山公集』 등이 있다.—옮긴이

7 자세한 것은 펑스의『중국 천문고고학』(중국사회과학출판사, 2010년 11월, 제2판)을 보시라.

8 이 내용은『주역본의』「역본의도易本義圖」에 나온다.—옮긴이

9 엄준嚴遵(기원전 86~기원전 10) : 본래 성은 장씨莊氏였지만 반고班固가『한서漢書』를 지을 때 명제明帝 유장劉莊의 이름을 피휘하여 엄씨嚴氏로 고쳐 썼다. 자字가 자릉子陵이다. 그의 출생지가 촉蜀 땅 북군평北君平 또는 남군평南君平이었으므로 흔히 엄군평嚴君平으로 불린다. 한나라 유명한 학자 겸 사부가辭賦家 양웅揚雄의 스승으로 알려져 있다. 노장사상과 역학에 뛰어났다. 저서로『노자주老子注』『노자지귀老子指归』『역경골수易经骨髓』 등이 있다.—옮긴이

10 이 대목은『송사』「은일열전隱逸列傳」에 나온다.—옮긴이

11 자세한 것은 펑스의『중국 천문고고학』을 보시라.

12 자세한 것은 펑스의『중국 천문고고학』을 보시라.

13 하야시 미나오.『중국 고대의 신들中國古代の神がみ』, 吉川弘文館, 2002.

14 청룡 : 흔히 창룡蒼龍이라고도 한다.—옮긴이

15 건가학파乾嘉學派 : 청나라를 대표하는 고증학파의 하나다. 건륭乾隆과 가경嘉慶 시대에 학파가 흥성했으므로 이런 명칭이 붙었다. 본래 고증학은 명明나라 멸망의 원인이 공리공담에 치우친 송명이학宋明理學에 있다고 보고, 경전의 이치와 원리를 다시 탐구하여 경세치용의 방법을 찾자는 취지에서 출발했다. 그러나 건가학파를 거치면서 경세치용이란 목적은 잃어버리고 경전 자구의 고증에만 매달리는 부정적인 경향을 노출했다.—옮긴이

16 갑골문은 1899년 국자감좨주國子監祭酒 왕이룽王懿榮에 의해 처음으로 확인되었다.—옮긴이

17 이 구절은『한서漢書』「예문지藝文志」에 나온다.—옮긴이

18 구창의鼓藏衣 : 먀오족 전통 명절인 구창제鼓藏節 때 입는 전통 복장이다. 구창제는 먀오족의 조상제례 활동이다. 먀오족의 혈통 조직인 '구서鼓社'의 영수 구짱터우鼓

藏頭를 선출하고 소와 돼지를 잡아 조상의 신령에게 성대한 제사를 지낸다. 대체로 13년에 한 번 꼴로 열린다.—옮긴이

19 『시경詩經』「빈풍·칠월豳風·七月」에는 "7월에 대화성大火星이 서쪽으로 기울고, 9월에 겹옷을 준비하네七月流火, 九月授衣"라는 구절이 있다. 음력 7월이 되면 심수心宿인 대화성이 서쪽으로 기울면서 가을이 시작됨을 의미한다.—옮긴이

20 여기에서 1만 년 단위가 무엇인지 분명하지 않다. 다만 저자는 맨 마지막 장「동아시아 문명에 대한 추측」에서 지구의 기후가 1만 년 단위로 크게 변한 것으로 서술하고 있다.—옮긴이

21 『시경』「주남周南」에 나오는 시다. 전체 시가 3연 6행으로 되어 있다. 『시경』 중에서 아주 짧은 시에 속한다. 자손의 번성을 기원하는 내용이다.—옮긴이

22 이 일화는 『예기禮記』「잡기雜記」하下에 나온다.—옮긴이

23 중국 춘추전국시대 초나라에는 무풍巫風이 성했고, 굴원과 송옥이 지은 『초사楚辭』도 무가巫歌에서 기원했다는 학설이 있다.—옮긴이

24 포수이제潑水節 : 한국 발음으로는 발수절이다. 중국 소수민족 다이족傣族의 전통 명절이다. 다이족 언어로는 쌍칸비마이桑勘比邁 또는 렁허쌍칸楞賀桑勘이라고 하는데 이는 6월 새해라는 뜻이다. 다이족 역법으로는 6월 하순 또는 7월 초순이지만 현대 양력으로는 대체로 4월 중순이다. 전통 의상을 입고 서로서로 물을 뿌리거나 끼얹으며 행복을 기원한다.—옮긴이

25 훠바제火把節 : 한국 발음으로는 화파절이다. 중국 소수민족 이족의 전통 명절이다. 음력 6월 24일 무렵에 시작해 3일 정도 계속된다. 말 그대로 횃불 축제다. 집집마다 횃불을 세우고 야간에는 횃불을 들고 마을의 산이나 논밭으로 행진한다. 또 마을 광장에 대형 횃불을 피우고 그 횃불 주위를 돌면서 군무를 춘다. 마을의 안녕과 풍년을 기원하는 행사다.—옮긴이

26 루성제蘆笙節 : 한국 발음으로는 노생절이다. 중국 소수민족 먀오족의 전통 명절이다. 대체로 음력 9월 27일~9월 29일 무렵에 열린다. 사람들이 모여서 갈대로 만든 대형 생황을 불며 축제를 즐긴다.—옮긴이

27 펑스의 『중국 천문고고학』에 자세한 내용이 나온다.

28 양페이더楊培德 선생은 그것이 먀오족의 사당이라고 지적했다. 먀오족 언어로는 nios라고 한다.

29 칠선녀七仙女 : 중국 민간에 널리 전해오는 전설이다. 옥황상제의 일곱째 딸이 인간

세상의 가난한 효자 동영董永을 사랑하여 옥황상제 몰래 결혼하고, 뛰어난 베짜기 솜씨로 하루 밤에 10필의 베를 짜서 노예가 된 동영을 구해준 뒤 자식을 낳고 살았으나 결국 옥황상제의 노여움을 사서 하늘로 소환될 수밖에 없었다는 줄거리다. 위魏나라 조식曹植의 오언고시「영지편靈芝篇」, 동진東晉 간보干寶의『수신기搜神記』 등에 관련 기록이 전하고, 중국 각 지역에도 조금씩 변형된 다양한 칠선녀 전설이 전한다.─옮긴이

30 도철饕餮 : 중국 신화에 나오는 4대 흉수胸獸의 하나다. 혼돈混沌, 궁기窮奇, 도올檮杌, 도철이 바로 사대 흉수다. 포악한 성격에 왕성한 식욕을 갖고 있어서 모든 것을 먹어치운다고 한다. 심지어 자신의 몸뚱이까지 먹어버려 머리와 입만 남았다고 한다. 또 다른 전설에 따르면 소나 양의 몸에 굽은 뿔, 호랑이 이빨, 사람의 얼굴을 하고 있다고도 한다.『산해경』「서남황경西南荒經」등에 관련 기록이 있다.『여씨춘추呂氏春秋』「선식先識」에는 주周나라 정鼎에 도철 그림이 새겨져 있다고 인식했다.─옮긴이

31 『선화박고도宣和博古圖』: 송나라 휘종의 어명으로 왕보王黼가 편찬한 금석학 저작이다. 상나라에서 당나라까지의 청동기 839건에 대한 정보를 담았다. 모두 30권이다.─옮긴이

32 『고고도考古圖』: 송나라 원우元祐 7년1092 여대림이 편찬한 저작이다. 당시에 궁궐과 개인이 소장한 고대 동기銅器와 옥기玉器를 체계적으로 정리했다. 모두 10권이다.─옮긴이

33 진운씨縉雲氏 : 염제炎帝의 후손으로 황제黃帝 때 하관夏官을 역임했다고 한다. 또는 황제黃帝의 호號라는 학설도 있다.─옮긴이

34 삼흉三凶 : 중국 전설에 나오는 세 사람의 악인이다. 제홍씨帝鴻氏: 黃帝의 아들 환두驩兜, 소호씨少皞氏의 아들 공공共工, 전욱씨顓頊氏의 아들 곤鯀이 그들이다.─옮긴이

35 남우충수濫竽充數 : 『한비자韓非子』「내저설內儲說」상上에 나오는 이야기다. 제齊 선왕宣王이 우竽를 불게 할 때 반드시 300명이 함께 불게 하자, 남곽처사南郭處士도 왕을 위해 우를 불겠다고 청했고 선왕이 기뻐하며 그에게 수백 명 분의 녹봉을 주고 그 취주대에 들어가게 했다. 그러나 이후 선왕이 죽고 민왕湣王이 즉위하여 한 사람 한 사람이 부는 연주를 좋아하자 남곽처사는 도망쳤다고 한다. 따라서 '남우충수'는 우를 부는 사람의 숫자를 남용하여 자격이 없는 사람에게도 자리를 채우

게 한다는 뜻이다. 재주나 능력이 없는 사람이 엉터리로 자리를 채우는 상황을 비유한다.—옮긴이

36 우보禹步 : 중국 전설 시대 우禹 임금이 창안했다는 보법. 몸을 굽히고 비틀거리는 동작으로 북두칠성의 배열 순서에 따라 걸음을 걷는다고 한다. 천지의 기운을 받아들이고 귀신을 쫓는 효과가 있다고 전해진다. 구체적인 동작에 대해서는 다양한 학설이 있다. 중국 서남쪽 소수민족 사이에는 아직도 우보禹步와 관련된 다양한 동작이 행해지고 있다.—옮긴이

37 선궁전조旋宮轉調 : 12율이 서로 돌아가면서 궁, 상, 각, 치, 우 즉 오음五音의 궁宮이 되어 60조調로 변화하는 것을 말한다. 각각 궁성宮音 12조, 상성商音 12조, 각성角音 12조, 치성徵音 12조, 우성羽音 12조로 모두 60조가 된다. 선상위궁旋相爲宮이라고도 한다.—옮긴이

38 이 구절은 『노자』 제41장에 나온다.—옮긴이

39 이 구절은 『논어』 「학이學而」에 나온다.—옮긴이

40 상나라 : 상商나라는 후기에 도읍을 은殷으로 옮겼기 때문에 흔히 은殷나라라고 한다.—옮긴이

41 이 구절은 『논어』 「술이述而」 편에 나온다.—옮긴이

42 이 구절은 『논어』 「선진先進」 편에 나온다.—옮긴이

43 이 구절은 『논어』 「팔일八佾」 편에 나온다.—옮긴이

44 이 대목은 『논어』 「안연顏淵」 편에 나온다.—옮긴이

45 안연顏淵은 본명이 회回이고 자가 자연子淵이다. 따라서 흔히 안연顏淵으로 부른다.—옮긴이

46 이 구절은 『논어』 「팔일」 편에 나온다.—옮긴이

47 이 구절은 『맹자』 「양혜왕梁惠王」 상上에 나온다.—옮긴이

48 구求 : 염유는 본명이 구求, 자가 자유子有다.—옮긴이

49 적赤 : 공서화는 본명이 적赤, 자가 자화子華다.—옮긴이

50 점點 : 증석은 본명이 점點, 자가 자석子晳이다.—옮긴이

51 유由 : 자로는 성명이 중유仲由, 자가 자로子路 또는 계로季路다.—옮긴이

52 『당자서문록唐子西文錄』 : 북송北宋 문학가 당경唐庚(1070~1120)의 시문 평론집으로 강행보江行父(1091~1157)가 기록했다. 당경의 자가 자서子西다.—옮긴이

53 촉도관사蜀道館舍 : 촉도는 한중漢中에서 촉蜀(쓰촨四川)으로 들어가는 험한 길이다.

촉도관사는 촉도 연변에 있는 객관이다.—옮긴이

54 중니仲尼 : 공자는 본명이 구丘이고 자가 중니다.—옮긴이

55 이 구절은 『맹자』 「고자告子」 하下에 나온다.—옮긴이

56 이 구절은 『논어』 「자한子罕」에 나온다.—옮긴이

57 이 구절은 『논어』 「양화陽貨」에 나온다.—옮긴이

58 이 구절은 『논어』 「헌문憲問」에 나온다.—옮긴이

59 이 구절은 『맹자』 「진심盡心」 하下에 나온다.—옮긴이

60 이 구절은 『논어』 「헌문」에 나온다.—옮긴이

61 한비는 『한비자韓非子』 「오두五蠹」에서 당시 국가 사회를 좀 먹는 해충으로 다섯 가지를 들고 있다. 첫째, 학자로 전국시대 말기의 유학자를 가리킨다. 둘째 언담자言談者로 당시의 종횡가를 가리킨다. 셋째, 대검자帶劍者로 당시의 유협遊俠을 가리킨다. 넷째, 환어자患御者로 귀족 가문에 빌붙어 사는 자를 가리킨다. 다섯째, 공상지민工商之民으로 당시의 장사치를 가리킨다.—옮긴이

62 무술육군자戊戌六君子 : 1898년 무술변법戊戌變法을 시행하다가 서태후의 반격으로 처형당한 여섯 사람이다. 담사동譚嗣同(1865~1898), 강광인康廣仁(1867~1898), 임욱林旭(1875~1898), 양심수楊深秀(1849~1898), 양예楊銳(1857~1898), 유광제劉光第(1859~1898) 등이다.—옮긴이

63 이 구절은 현행본 『노자』 제37장에 나온다.—옮긴이

64 죽림칠현竹林七賢 : 중국 삼국시대 위魏나라 정시正始 연간에 세상의 혼란을 피해 죽림에 은거한 일곱 사람이다. 혜강, 완적阮籍, 산도山濤, 상수向秀, 유령劉伶, 왕융王戎, 완함阮咸 등이다.—옮긴이

65 이 구절은 『노자』 제40장에 나온다.—옮긴이

66 청혼青昏 : 이 두 글자를 어떻게 해독해야 하느냐를 둘러싸고 다양한 견해가 제시되어 있다. 이 책 원문에서 저자 아청阿城은 청문請問으로 표기했지만 문맥이 잘 통하지 않는다. 따라서 번역문에서는 탄바오강譚寶剛의 견해에 따라 청혼青昏으로 읽고 청혼清溷으로 해석했다. 여기에서 청清은 하늘의 맑은 기운을 뜻하며, 혼溷은 혼混 또는 혼渾과 통하므로 땅의 탁한 기운을 뜻한다. 탄바오강, 「궈뎬 초간 '태일생수'의 '탁기명托其名' 사상 탐색郭店楚簡'太一生水''托其名'思想探微」, 『안후이대학학보「철학사회과학판」安徽大學學報「哲學社會科學版」』, 2007년 제4기.—옮긴이

67 속작문명粟作文明 : 벼를 주요 작물로 재배하는 도작문명稻作文明에 상대되는 개념

이다. 주로 조, 보리, 밀 등 밭작물을 재배하는 문명을 가리킨다.—옮긴이

68 호광행성湖廣行省 : 본래 원나라 때의 행정구역 명칭이지만 이후에도 관습적으로
해당 지역을 가리키는 명칭으로 쓰였다. 대체로 지금의 후난성 대부분, 후베이성
일부, 광시성과 하이난성 전부, 구이저우성 대부분, 광둥성 레이저우雷州 반도를 포
함하는 지역을 가리킨다.—옮긴이

69 먀오녠苗年 : 먀오족이 쇠는 가장 큰 명절이다. 날짜와 기간은 각 지역마다 상이하
다. 대체로 음력 9월에서 정월까지 각 먀오족마다 성대한 전통식 행사를 거행한다.
그중에서 음력 11월 30일을 한 해의 마지막 날로 간주하고 제야 행사와 설날 행사
를 하는 부족이 가장 많다. 흔히 돼지와 양을 잡아 천지신명에게 제사를 올리고 찹
쌀로 빚은 술을 마시고 루성蘆笙을 불며 춤추고 노래한다.—옮긴이

70 중국의 해방은 1949년 중화인민공화국 건국을 가리킨다.—옮긴이

71 현당대現當代 : 중국에서는 1919년 5·4운동에서 1949년 중화인민공화국 건국까
지를 현대現代로, 1949년 이후를 당대當代라고 부른다.—옮긴이

낙서하도

洛書河圖

문명의 조형 탐구

초판인쇄 2023년 5월 26일
초판발행 2023년 6월 12일

지은이 아청
옮긴이 김영문
펴낸이 강성민
편집장 이은혜
기획 노승현
편집 강성민 홍진표
마케팅 정민호 박치우 한민아 이민경 박진희 정경주 정유선 김수인
브랜딩 함유지 함근아 박민재 김희숙 고보미 정승민
제작 강신은 김동욱 임현식

펴낸곳 (주)글항아리 | **출판등록** 2009년 1월 19일 제406-2009-000002호

주소 10881 경기도 파주시 심학산로 10 3층
전자우편 bookpot@hanmail.net
전화번호 031-955-2696(마케팅) 031-941-9097(편집부)
팩스 031-941-5163

ISBN 979-11-6909-114-5 03900

잘못된 책은 구입하신 서점에서 교환해드립니다.
기타 교환 문의 031-955-2661, 3580

www.geulhangari.com